Level

4

초등영문법

의

원리

구성과 특징

▶ 영어 문장의 구성 원리를 깨우치는 5단계 학습

〈초등영문법 문장의 원리〉는 초등학생이 알아야 할 문장의 기본 원리를 담은 책이에요.
〈문장의 기본 원리 학습 ➡ Quiz로 확인하기 ➡ 문장의 빈칸 채우기 ➡ Review Test로 확인하기 ➡ 통문장 쓰기〉의
5단계로 학습해요. 기본 개념 익히기에서 통문장 만들기까지 자연스럽게 영어 실력을 쌓아보세요!

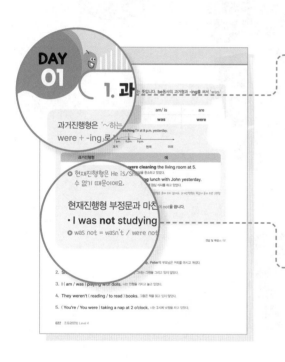

1 Basic Principle

문장의 기본 원리 익히기

초등학생이 알아야 할 영어 문장의 기본 원리를 담았어요.
쉬운 설명으로 중요한 내용을 한눈에 이해할 수 있어요!

2 Quick Check

Quiz로 개념 이해 확인하기

Quiz로 기본 원리를 잘 이해했는지 확인할 수 있어요.
영어가 어렵거나 재미없다고 생각하지 않도록 쉬운 문제들로 구성했으
니, 한 문제 한 문제 차근차근 풀어보세요!

3 Simple Writing

간단한 쓰기로 실력 Build up!

공부한 원리로 문장이 어떻게 만들어지는지 살짝 맛볼 수 있어요.
이렇게 조금씩 조금씩 통문장을 쓸 준비를 해나가는 거예요!

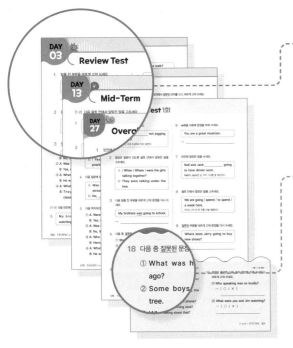

4 Multiple Check

다양한 테스트로 탄탄한 실력 Up!

• Review Test 8회 ➡ Mid-Term과 Finals ➡ Overall Test 3회
다양한 테스트를 통해 문장의 기본 원리를 빈틈없이 복습할 수 있어요.
반복으로 다진 탄탄한 실력이 영어에 대한 자신감을 높여준답니다!

▶ 중학교 시험에는 이렇게!
실제 중학교에서 출제된 문제 유형을 살펴볼 수 있어요.
중학교 시험 문제를 풀어보며 도전 의식도 기르고, 공부의 방향도 점검해
보세요.

Workbook

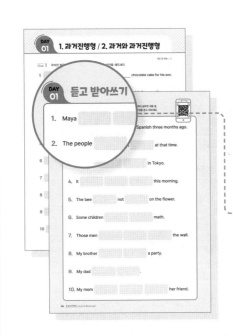

5 Making Sentences

통문장 만들기 도전!

본책에서 공부한 원리가 문장에서 어떻게 적용되어 쓰이는지 익혀
보세요.
처음부터 바로 통문장을 쓰기보다는 〈원리 재확인 문제 ➡ 빈칸 채우
기 또는 틀린 곳 고쳐쓰기 ➡ 배열하기 ➡ 통문장 쓰기〉의 기본 과정
을 거치며 차츰 통문장 쓰기에 도전할 수 있어요!

▶ 듣고 받아쓰기
Day 마다 10문장을 듣고 받아쓰기를 해보세요.
초등 필수 영단어, 잘못 듣기 쉬운 단어, 덩어리로 쓰이는 표현 등을 듣
고 쓰면서 하루 학습을 완벽히 마무리할 수 있어요.

▶ **Level 4**

차례 😊

별책 Workbook / 정답 및 해설

▶ 초등영문법 문장의 원리 LEVEL 1, 2, 3에서 공부하는 내용

LEVEL 1	LEVEL 2	LEVEL 3
1. 문장의 구성	1. 일반동사(1)	1. 의문사(1)
2. 명사(1)	2. 일반동사(2)	2. 의문사(2)
3. 명사(2)	3. 형용사	3. There is[are] ～
4. 관사	4. 기수와 서수	4. be동사의 과거
5. 대명사(1)	5. some, any, every, all	5. 일반동사의 과거
6. 대명사(2)	6. 부사	6. 조동사(1)
7. be동사(1)	7. 현재진행형	7. 조동사(2)
8. be동사(2)	8. 전치사	8. 명령문, 청유문, 감탄문

학습 계획표

DAY	Chapter	학습 내용	학습 날짜
DAY 01		1 과거진행형 | 2 과거와 과거진행형	/
DAY 02	1. 과거진행형	3 과거진행형 의문문 | 4 의문사 + 과거진행형 의문문	/
DAY 03		Review Test | Word Review	/
DAY 04		1 will | 2 will 부정문	/
DAY 05	2. 미래(1)	3 will 의문문 | 4 의문사 + will 의문문	/
DAY 06		Review Test | Word Review	/
DAY 07		1 be going to | 2 be going to 부정문	/
DAY 08	3. 미래(2)	3 be going to 의문문 | 4 의문사 + be going to 의문문	/
DAY 09		Review Test | Word Review	/
DAY 10		1 원급과 비교급(1) | 2 원급과 비교급(2)	/
DAY 11	4. 비교급	3 비교급 + than	/
DAY 12		Review Test | Word Review	/
DAY 13	Mid-Term		/
DAY 14		1 최상급(1) | 2 최상급(2)	/
DAY 15	5. 최상급	3 소유격 + 최상급	/
DAY 16		Review Test | Word Review	/
DAY 17		1 접속사 | 2 and, but, or, because	/
DAY 18	6. 접속사	3 명령문 + and/or	/
DAY 19		Review Test | Word Review	/
DAY 20		1 be동사 부가의문문 | 2 일반동사 부가의문문	/
DAY 21	7. 부가의문문	3 조동사 부가의문문 | 4 명령문과 청유문의 부가의문문	/
DAY 22		Review Test | Word Review	/
DAY 23		1 It is + 날씨/요일 | 2 It is + 날짜/시간	/
DAY 24	8. 다양한 의미의 It is ~	3 It is time for | 4 It is time to	/
DAY 25		Review Test | Word Review	/
DAY 26	Finals		/
DAY 27	Overall Test 1회		/
DAY 28	Overall Test 2회		/
DAY 29	Overall Test 3회		/

초등 필수 영단어 800

🎧 듣기 MP3

다음은 교육부가 지정한 800개의 초등 필수 영단어입니다.
본 교재를 학습하기 전 본인의 어휘 실력을 체크한 후, 모르는 단어는 반드시 익히도록 하세요!

No. 1 ~ 250 난이도 ★

1	a	하나의	☐
2	after	~후에, ~뒤에	☐
3	air	공기	☐
4	and	그리고	☐
5	ant	개미	☐
6	apple	사과	☐
7	arm	팔	☐
8	aunt	이모, 고모	☐
9	baby	아기	☐
10	back	뒤, 등; 뒤쪽의; 뒤로	☐
11	bad	나쁜	☐
12	ball	공	☐
13	balloon	풍선	☐
14	basket	바구니	☐
15	bat	박쥐	☐
16	be	~이다, (~에) 있다	☐
17	bear	곰	☐
18	bed	침대	☐
19	bedroom	침실	☐
20	bee	벌	☐
21	bell	종	☐
22	big	큰, 중요한	☐
23	bird	새	☐
24	birthday	생일	☐
25	black	검은색; 검은	☐
26	blue	파란색; 파란	☐

27	boat	배	☐
28	body	몸, 신체	☐
29	book	책	☐
30	boot(s)	부츠, 장화	☐
31	boy	소년	☐
32	bread	빵	☐
33	brother	남자형제(형, 남동생, 오빠)	☐
34	brown	갈색; 갈색의	☐
35	bug	벌레, 곤충	☐
36	busy	바쁜	☐
37	but	그러나	☐
38	button	단추	☐
39	buy	사다	☐
40	can	~할 수 있다, ~해도 된다	☐
41	candy	사탕	☐
42	cap	모자	☐
43	car	자동차	☐
44	carrot	당근	☐
45	cat	고양이	☐
46	chair	의자	☐
47	circle	원	☐
48	clean	청소하다; 깨끗한	☐
49	clock	시계	☐
50	close	닫다; 가까운	☐
51	cloud	구름	☐
52	cold	추운, 차가운	☐

53	color	색깔	☐	83	eye	눈	☐
54	come	오다	☐	84	face	얼굴	☐
55	cook	요리하다; 요리사	☐	85	family	가족	☐
56	cookie	쿠키, 과자	☐	86	fan	부채, 선풍기	☐
57	cool	서늘한, 멋진	☐	87	fast	빠른; 빨리	☐
58	cow	젖소, 소	☐	88	fat	뚱뚱한; 지방	☐
59	crown	왕관	☐	89	father	아버지	☐
60	cry	울다, 외치다	☐	90	finger	손가락	☐
61	cute	귀여운	☐	91	finish	마치다	☐
62	dad	아빠	☐	92	fire	불	☐
63	dance	춤추다; 춤	☐	93	fish	물고기	☐
64	day	날, 하루, 낮	☐	94	flag	깃발	☐
65	desk	책상	☐	95	flower	꽃	☐
66	dish	접시	☐	96	fly	날다; 파리	☐
67	do	하다	☐	97	fog	안개	☐
68	doctor	의사, 박사	☐	98	food	음식, 식품	☐
69	dog	개	☐	99	foot	발	☐
70	doll	인형	☐	100	fox	여우	☐
71	dolphin	돌고래	☐	101	friend	친구	☐
72	door	문	☐	102	frog	개구리	☐
73	down	아래에, 아래로	☐	103	front	앞	☐
74	drink	마시다; 음료수	☐	104	ghost	유령	☐
75	drive	운전하다	☐	105	girl	소녀	☐
76	duck	오리	☐	106	go	가다	☐
77	ear	귀	☐	107	gold	금	☐
78	earth	지구	☐	108	good	좋은	☐
79	easy	쉬운	☐	109	grape	포도	☐
80	egg	달걀, 알	☐	110	green	녹색; 녹색의	☐
81	elephant	코끼리	☐	111	gray/grey	회색; 회색의	☐
82	eraser	지우개	☐	112	hair	머리카락, 털	☐

113	hand	손	☐
114	handsome	잘생긴	☐
115	happy	행복한	☐
116	hat	모자	☐
117	have	가지다	☐
118	he	그는	☐
119	head	머리	☐
120	hello	안녕하세요	☐
121	help	돕다; 도움	☐
122	home	집; 집의; 집에	☐
123	honey	꿀	☐
124	horse	말	☐
125	hot	뜨거운, 더운	☐
126	house	집	☐
127	I	나는	☐
128	ice	얼음	☐
129	in	~안에	☐
130	it	그것은, 그것을	☐
131	key	열쇠	☐
132	kid	아이, 어린이	☐
133	king	왕	☐
134	kitchen	부엌	☐
135	knife	칼	☐
136	lake	호수	☐
137	leg	다리	☐
138	like	좋아하다	☐
139	lion	사자	☐
140	lip	입술	☐
141	long	긴; 오래	☐
142	little	작은, 약간의	☐

143	look	보다	☐
144	love	사랑하다, 매우 좋아하다	☐
145	make	만들다	☐
146	man	남자, 사람	☐
147	map	지도	☐
148	milk	우유	☐
149	mirror	거울	☐
150	money	돈	☐
151	monkey	원숭이	☐
152	moon	달	☐
153	mother	어머니	☐
154	mouse	쥐	☐
155	mouth	입	☐
156	music	음악	☐
157	name	이름	☐
158	neck	목	☐
159	no	없다, 아니다	☐
160	nose	코, 후각	☐
161	not	~않다, 아니다	☐
162	old	나이든, 오래된, 낡은	☐
163	on	~위에	☐
164	one	하나	☐
165	open	열다	☐
166	pants	바지	☐
167	park	공원	☐
168	pig	돼지	☐
169	pink	분홍색; 분홍색의	☐
170	play	놀다, 연주하다, 경기하다	☐
171	potato	감자	☐
172	puppy	강아지	☐

173	queen	여왕	☐	203	smell	냄새; 냄새맡다	☐
174	rabbit	토끼	☐	204	smile	미소; 미소짓다	☐
175	rain	비; 비가 오다	☐	205	snow	눈; 눈이 내리다	☐
176	rainbow	무지개	☐	206	sock	양말	☐
177	red	붉은색; 붉은	☐	207	son	아들	☐
178	ring	반지	☐	208	song	노래, 곡	☐
179	river	강	☐	209	spoon	숟가락	☐
180	road	도로, 길	☐	210	stop	멈추다, 중단하다	☐
181	rock	바위	☐	211	strawberry	딸기	☐
182	room	방	☐	212	strong	강한, 튼튼한, 힘센	☐
183	run	달리다	☐	213	student	학생	☐
184	sad	슬픈	☐	214	study	공부하다	☐
185	say	말하다	☐	215	sun	태양, 해	☐
186	school	학교	☐	216	swim	수영하다	☐
187	scissors	가위	☐	217	table	탁자	☐
188	sea	바다	☐	218	tall	키가 큰	☐
189	see	보다	☐	219	they	그들은, 그것들은	☐
190	she	그녀는	☐	220	this	이것; 이	☐
191	shoe	신발	☐	221	tiger	호랑이	☐
192	short	짧은, 키가 작은	☐	222	time	시간	☐
193	shop	가게	☐	223	today	오늘	☐
194	sing	노래하다	☐	224	tooth	이, 이빨	☐
195	sister	여자형제(여동생, 언니, 누나)	☐	225	top	위쪽의, 최고인; 꼭대기	☐
196	sit	앉다	☐	226	tower	탑, 타워	☐
197	skirt	치마	☐	227	town	마을, 도시	☐
198	sky	하늘	☐	228	toy	장난감	☐
199	sleep	자다	☐	229	tree	나무	☐
200	slow	느린; 느리게	☐	230	umbrella	우산	☐
201	small	작은, 소규모의	☐	231	uncle	삼촌, 아저씨	☐
202	smart	똑똑한	☐	232	under	~아래에	☐

233	up	~위에; 위로	☐	260	answer	대답하다; 대답	☐
234	very	매우, 아주	☐	261	art	예술, 미술	☐
235	wash	씻다, 세탁하다	☐	262	ask	묻다, 요청하다	☐
236	water	물	☐	263	bake	굽다	☐
237	watermelon	수박	☐	264	bank	은행	☐
238	we	우리는	☐	265	baseball	야구	☐
239	weather	날씨	☐	266	basketball	농구	☐
240	wet	젖은, 축축한	☐	267	bath	목욕	☐
241	white	흰 색; 하얀	☐	268	bathroom	욕실, 화장실	☐
242	wind	바람, 풍력	☐	269	beach	해변, 바닷가	☐
243	window	창문, 창	☐	270	bean	콩	☐
244	woman	여성, 여자	☐	271	because	~때문에	☐
245	yellow	노란색; 노란색의	☐	272	beef	소고기	☐
246	yes	네	☐	273	before	~전에; 이전에	☐
247	you	너는, 너희는, 너를, 너희를	☐	274	bell	종	☐
248	young	젊은, 어린	☐	275	bicycle	자전거	☐
249	zebra	얼룩말	☐	276	blood	혈액, 피	☐
250	zoo	동물원	☐	277	bone	뼈	☐
				278	bottle	병	☐
				279	brain	뇌, 두뇌	☐
				280	brave	용감한	☐

No. 251 ~ 500 난이도 ★★

251	A.M./a.m.	오전	☐	281	breakfast	아침 식사	☐
252	about	~에 대하여	☐	282	brush	솔질[칫솔질]하다; 붓	☐
253	afternoon	오후	☐	283	bubble	거품, 기포	☐
254	age	나이	☐	284	cage	(동물) 우리	☐
255	airplane	비행기	☐	285	call	부르다, 전화하다	☐
256	airport	공항	☐	286	captain	선장, 우두머리	☐
257	all	모든; 모두	☐	287	cart	수레	☐
258	angel	천사	☐	288	castle	성, 저택	☐
259	animal	동물	☐	289	catch	잡다	☐

290	change	변화; 바꾸다	☐	320	football	축구, 미식축구	☐
291	check	확인하다, 점검하다	☐	321	fresh	신선한	☐
292	child	아이, 아동	☐	322	fruit	과일, 열매	☐
293	choose	선택하다, 고르다	☐	323	full	가득 찬, 배부른	☐
294	church	교회	☐	324	fun	재미있는, 즐거운	☐
295	city	도시	☐	325	future	미래	☐
296	class	수업, 강의	☐	326	garden	정원	☐
297	classroom	교실	☐	327	gate	정문	☐
298	cloth	천, 옷감 *cf.*) clothes 옷	☐	328	gentleman	신사	☐
299	cousin	사촌, 친척	☐	329	get	얻다, 받다	☐
300	curtain	커튼, 막	☐	330	giant	거대한; 거인	☐
301	cut	자르다	☐	331	gift	선물	☐
302	dark	어두운	☐	332	give	주다, 전하다	☐
303	daughter	딸	☐	333	glass	유리 *cf.*) glasses 안경	☐
304	deep	깊은; 깊이	☐	334	glove	장갑(한 쪽)	☐
305	desk	책상	☐	335	glue	풀, 접착제; 붙이다	☐
306	dinner	저녁 식사	☐	336	god	신, 하느님	☐
307	dirty	더러운, 지저분한	☐	337	goodbye	작별인사, 안녕	☐
308	east	동쪽	☐	338	grandfather	할아버지	☐
309	end	종료; 끝나다	☐	339	grass	풀, 잔디	☐
310	enjoy	즐기다, 누리다	☐	340	great	위대한, 큰	☐
311	evening	저녁; 저녁의	☐	341	ground	땅	☐
312	every	모든, ~마다	☐	342	group	그룹, 단체	☐
313	fall	가을; 떨어지다	☐	343	grow	성장하다, 자라다	☐
314	far	먼; 멀리	☐	344	guy	사람, 남자	☐
315	farm	농장	☐	345	heart	심장, 마음	☐
316	feel	느끼다	☐	346	heaven	천국, 하늘	☐
317	fight	싸우다; 싸움	☐	347	heavy	무거운	☐
318	find	찾다	☐	348	helicoper	헬기	☐
319	fine	좋은	☐	349	here	여기에, 이곳에	☐

350	hero	영웅, 주인공	☐	380	live	살다	☐
351	high	높은; 높이	☐	381	living room	거실	☐
352	hill	언덕, 산	☐	382	low	낮은	☐
353	holiday	휴일, 명절	☐	383	lunch	점심 식사	☐
354	homework	숙제, 과제	☐	384	mad	화난, 미친	☐
355	honey	꿀	☐	385	mail	우편, 메일	☐
356	hospital	병원	☐	386	many	많은	☐
357	how	어떻게, 얼마나	☐	387	meat	고기, 육류	☐
358	human	인간, 사람	☐	388	meet	만나다	☐
359	hundred	100(백)	☐	389	mind	마음, 생각	☐
360	hungry	배고픈	☐	390	miss	놓치다, 그리워하다	☐
361	hunt	사냥하다	☐	391	month	달, 개월	☐
362	husband	남편	☐	392	morning	아침, 오전	☐
363	idea	생각, 아이디어	☐	393	mountain	산	☐
364	jeans	청바지	☐	394	movie	영화	☐
365	joy	기쁨, 즐거움	☐	395	much	많은; 매우, 정말	☐
366	kick	차다	☐	396	museum	박물관	☐
367	kill	죽이다	☐	397	need	필요하다	☐
368	kind	친절한; 종류	☐	398	new	새로운	☐
369	know	알다	☐	399	newspaper	신문	☐
370	lady	여성, 부인	☐	400	next	다음의	☐
371	land	땅, 토지	☐	401	nice	멋진, 좋은	☐
372	late	늦은; 늦게	☐	402	night	밤, 저녁	☐
373	left	왼쪽; 왼쪽의	☐	403	north	북쪽	☐
374	lesson	교훈, 수업	☐	404	now	지금, 이제	☐
375	letter	편지, 글자	☐	405	number	수, 숫자	☐
376	library	도서관	☐	406	nurse	간호사	☐
377	light	빛, 전등	☐	407	of	~의	☐
378	line	선	☐	408	oil	석유, 기름	☐
379	listen	(귀기울여) 듣다	☐	409	or	또는	☐

410	out	밖에	☐
411	P.M./p.m.	오후	☐
412	paint	그리다, 칠하다	☐
413	palace	궁전, 왕실	☐
414	paper	종이	☐
415	parent	부모(한 쪽)	☐
416	pear	배	☐
417	pencil	연필	☐
418	people	사람들	☐
419	picnic	소풍	☐
420	picture	사진, 그림	☐
421	place	장소	☐
422	please	제발, 부디	☐
423	pocket	주머니, 호주머니	☐
424	police	경찰	☐
425	power	힘	☐
426	pretty	예쁜	☐
427	prince	왕자	☐
428	put	놓다, 넣다	☐
429	read	읽다, 독서하다	☐
430	ready	준비된	☐
431	restaurant	식당	☐
432	restroom	화장실	☐
433	right	오른쪽; 오른쪽의; 권리	☐
434	roof	지붕, 옥상	☐
435	salt	소금	☐
436	sand	모래	☐
437	ship	배, 선박	☐
438	size	크기	☐
439	soccer	축구	☐

440	soft	부드러운	☐
441	some	일부, 몇몇	☐
442	sorry	미안한	☐
443	south	남쪽; 남쪽의	☐
444	stand	서다	☐
445	start	시작하다	☐
446	stone	돌	☐
447	store	가게	☐
448	story	이야기, 줄거리	☐
449	street	거리, 길	☐
450	subway	지하철	☐
451	sugar	설탕, 당분	☐
452	tail	꼬리	☐
453	take	(시간이) 걸리다, 가져가다, 데려가다	☐
454	talk	말하다	☐
455	taste	맛보다	☐
456	teach	가르치다, 알려주다	☐
457	telephone	전화기	☐
458	tell	말하다, 이야기하다	☐
459	test	시험, 실험	☐
460	thank	감사하다	☐
461	that	저것은; 저	☐
462	the	그	☐
463	there	그곳에, 저기에	☐
464	think	생각하다	☐
465	to	~에, ~까지	☐
466	tomorrow	내일, 미래	☐
467	too	또한	☐
468	touch	만지다	☐
469	triangle	삼각형	☐

470	true	진짜의, 진정한	☐
471	ugly	추한, 보기 흉한	☐
472	understand	이해하다	☐
473	use	이용하다, 사용하다; 이용	☐
474	vegetable	채소	☐
475	visit	방문하다	☐
476	wait	기다리다	☐
477	wake	깨다	☐
478	walk	걷다	☐
479	wall	벽, 벽면	☐
480	want	원하다	☐
481	watch	(집중해서) 보다; 손목 시계	☐
482	wear	입다, 착용하다	☐
483	wedding	결혼, 결혼식	☐
484	week	주, 일주일	☐
485	weekend	주말	☐
486	west	서쪽; 서쪽의	☐
487	what	무엇	☐
488	when	언제	☐
489	where	어디에	☐
490	who	누구	☐
491	why	왜	☐
492	wife	아내, 부인	☐
493	will	~할 것이다	☐
494	win	우승하다, 이기다	☐
495	with	~와 함께	☐
496	woman	여성, 여자	☐
497	wood	목재, 나무	☐
498	work	일하다	☐
499	write	쓰다, 적다	☐

500	year	년도, 해	☐

No. 501 ~ 670 난이도 ★★★

501	act	행동하다; 행동	☐
502	afraid	두려운, 염려하는	☐
503	alone	혼자, 홀로	☐
504	along	~을 따라서	☐
505	anger	분노, 화	☐
506	another	또 하나의, 다른	☐
507	any	어떤	☐
508	area	지역	☐
509	around	주변에, 주위에	☐
510	arrive	도착하다	☐
511	at	(장소·시간) ~에	☐
512	away	멀리 떨어져	☐
513	band	악단	☐
514	battery	건전지	☐
515	beauty	아름다움, 미인	☐
516	become	~이 되다	☐
517	begin	시작하다	☐
518	behind	~뒤에	☐
519	believe	믿다, 생각하다	☐
520	below	아래에	☐
521	beside	곁에	☐
522	between	~사이에	☐
523	bomb	폭탄	☐
524	boss	사장, 상사	☐
525	both	둘 다; 양쪽의	☐
526	bottom	바닥, 아래	☐

527	bowl	(오목한) 그릇	☐
528	brake	브레이크, 제동 (장치)	☐
529	branch	나뭇가지	☐
530	brand	브랜드, 상표	☐
531	break	깨뜨리다; 휴식	☐
532	bridge	다리	☐
533	bright	밝은, 영리한	☐
534	bring	가져오다	☐
535	build	짓다, 만들다	☐
536	burn	타다	☐
537	care	보살피다, 마음 쓰다	☐
538	carry	나르다, 가지고 다니다	☐
539	cash	현금, 돈	☐
540	cheap	싼, 저렴한	☐
541	cinema	영화관, 영화	☐
542	clever	똑똑한, 영리한	☐
543	climb	오르다, 등산하다	☐
544	club	동아리	☐
545	coin	동전	☐
546	comedy	코메디, 희극	☐
547	concert	콘서트, 공연	☐
548	contest	대회	☐
549	corner	구석, 모퉁이	☐
550	could	~할 수 있었다 *cf.*) could I ~? ~해도 될까요? / could you ~? ~해 주시겠어요?	☐
551	country	나라, 국가	☐
552	couple	부부, 커플	☐
553	crazy	미친	☐
554	cross	건너다	☐
555	culture	문화	☐

556	curious	호기심이 있는, 궁금한	☐
557	date	날짜, 데이트	☐
558	dead	죽은	☐
559	death	죽음, 사망	☐
560	decide	결정하다	☐
561	delicious	맛있는	☐
562	dentist	치과의사	☐
563	diary	일기	☐
564	die	죽다, 사망하다	☐
565	draw	그리다, 끌어당기다	☐
566	dream	꿈꾸다; 꿈	☐
567	dry	마른, 건조한; 말리다	☐
568	early	이른; 일찍	☐
569	enter	들어가다	☐
570	exam	시험	☐
571	fact	사실	☐
572	famous	유명한	☐
573	favorite	좋아하는	☐
574	field	들판, 현장	☐
575	file	파일	☐
576	fill	채우다	☐
577	fix	고치다, 고정하다	☐
578	floor	바닥, 층	☐
579	fool	바보	☐
580	for	~을 위해서, ~ 동안	☐
581	forest	숲	☐
582	form	형성하다; 형태	☐
583	free	자유로운, 무료의	☐
584	from	~로부터, ~출신의	☐
585	fry	튀기다	☐

586	giraffe	기린	☐
587	glad	기쁜	☐
588	goal	목표, 골	☐
589	guide	안내하다; 안내	☐
590	hard	어려운, 단단한; 열심히	☐
591	hate	싫어하다	☐
592	headache	두통	☐
593	heat	열; 가열하다	☐
594	history	역사	☐
595	hit	치다, 맞히다; 타격	☐
596	hobby	취미	☐
597	hope	희망하다, 바라다	☐
598	hour	시간	☐
599	hurry	서두르다	☐
600	if	만약 ~라면	☐
601	important	중요한	☐
602	inside	내부, 안쪽; 내부의	☐
603	into	~안으로	☐
604	job	직무, 일	☐
605	join	참여하다, 가입하다	☐
606	last	지난, 마지막의	☐
607	lazy	게으른	☐
608	leaf	나뭇잎	☐
609	learn	배우다	☐
610	marry	결혼하다	☐
611	may	~해도 된다, ~일지도 모른다 cf.) may I ~? ~해도 될까요?	☐
612	memory	기억	☐
613	must	~해야 한다	☐
614	nature	자연	☐

615	noon	정오	☐
616	note	메모, 쪽지	☐
617	off	떨어져	☐
618	only	유일한; 오직	☐
619	over	~이상	☐
620	part	부분, 일부	☐
621	pass	지나가다, 통과하다	☐
622	pay	지불하다	☐
623	peace	평화	☐
624	pick	선택하다, 고르다, 꺾다, 따다	☐
625	plan	계획하다; 계획	☐
626	point	가리키다; 요점	☐
627	poor	가난한	☐
628	print	인쇄하다	☐
629	prize	상, 상금	☐
630	problem	문제	☐
631	push	밀다	☐
632	puzzle	퍼즐, 수수께끼	☐
633	question	질문, 문제	☐
634	quick	빠른; 빨리	☐
635	quiet	조용한	☐
636	race	경주; 경주하다	☐
637	remember	기억하다	☐
638	rich	부유한, 부자의	☐
639	sale	판매, 할인판매	☐
640	science	과학	☐
641	score	득점하다; 점수	☐
642	season	계절	☐
643	sell	팔다	☐
644	send	보내다, 전하다	☐

645	shock	충격을 주다; 충격	☐	672	academy	학원	☐
646	should	~해야 한다	☐	673	accent	억양	☐
647	show	보여주다	☐	674	accident	사고	☐
648	shy	수줍은, 부끄러운	☐	675	across	가로질러서	☐
649	sick	아픈, 병든	☐	676	add	더하다, 추가하다	☐
650	side	측면, 면	☐	677	address	주소	☐
651	skin	피부, 껍질	☐	678	adult	성인, 어른	☐
652	space	공간, 우주	☐	679	adventure	모험	☐
653	speak	말하다	☐	680	advise	조언하다	☐
654	speed	속도	☐	681	again	다시, 또	☐
655	stress	스트레스, 긴장; 강조하다	☐	682	against	반대로	☐
656	tape	테이프; 테이프를 붙이다	☐	683	ago	~전에	☐
657	try	노력하다, 시도하다	☐	684	agree	동의하다, 합의하다	☐
658	voice	목소리, 음성	☐	685	ahead	미리	☐
659	war	전쟁	☐	686	airline	항공사	☐
660	warm	따뜻한	☐	687	almost	거의, 대부분	☐
661	way	길, 방법, 방식	☐	688	aloud	큰 목소리로	☐
662	weight	무게, 체중	☐	689	already	이미, 벌써	☐
663	welcome	환영하다	☐	690	alright	괜찮아, 좋아	☐
664	well	잘	☐	691	also	또한, 역시	☐
665	wish	바라다; 소원	☐	692	always	항상, 늘	☐
666	word	단어, 말	☐	693	as	~처럼, ~로서	☐
667	world	세계, 세상	☐	694	background	배경	☐
668	worry	걱정하다	☐	695	base	기반, 기초	☐
669	wrong	잘못된, 틀린	☐	696	basic	기본적인, 기초적인	☐
670	yesterday	어제	☐	697	battle	전투, 싸움	☐
				698	bill	영수증, 지폐	☐
				699	birth	탄생, 출생	☐
				700	bite	물다; 한 입	☐

No. 671 ~ 800   난이도 ★★★★

671	above	~위에	☐
701	block	차단; 막다	☐

702	board	게시판	☐	732	different	다른, 여러가지의	☐
703	borrow	빌리다	☐	733	difficult	어려운, 힘든	☐
704	business	사업	☐	734	discuss	논의하다	☐
705	by	~에 의해, (교통수단) ~로	☐	735	divide	나누다	☐
706	calendar	달력	☐	736	double	두 배의	☐
707	calm	차분한	☐	737	drop	떨어지다	☐
708	case	경우	☐	738	during	~동안	☐
709	certain	특정한, 어떤	☐	739	elementary	초등의	☐
710	chain	사슬, 체인점	☐	740	engine	엔진 (기관)	☐
711	chance	기회	☐	741	engineer	기술자, 공학자	☐
712	clear	분명한	☐	742	enough	충분한; 충분히	☐
713	clerk	직원, 점원	☐	743	error	오류	☐
714	clip	동영상, 클립	☐	744	example	예시, 본보기	☐
715	collect	수집하다	☐	745	exercise	운동하다; 운동	☐
716	college	대학	☐	746	exit	나가다; 출구	☐
717	company	회사	☐	747	factory	공장, 회사	☐
718	condition	조건, 상태	☐	748	fail	실패하다	☐
719	congratulate	축하하다	☐	749	fantastic	환상적인, 멋진	☐
720	control	조절하다	☐	750	fever	열, 고열	☐
721	copy	복사하다; 사본	☐	751	focus	집중하다	☐
722	cost	비용이 들다; 비용	☐	752	forever	영원히	☐
723	cotton	면, 목화	☐	753	forget	잊다	☐
724	countryside	시골, 지방	☐	754	gesture	몸짓	☐
725	cover	덮다	☐	755	guess	~라고 생각하다, 추측하다	☐
726	crowd	붐비다; 군중	☐	756	habit	습관	☐
727	customer	고객	☐	757	hang	걸다, 매달다	☐
728	cycle	주기	☐	758	hold	잡다	☐
729	danger	위험	☐	759	honest	솔직한, 정직한	☐
730	design	설계하다; 디자인	☐	760	however	그러나, 하지만	☐
731	dialogue	대화	☐	761	humor	유머	☐

762	introduce	소개하다	☐
763	invite	초대하다	☐
764	just	단지	☐
765	keep	유지하다, 계속하다	☐
766	large	큰, 대규모의	☐
767	lie	거짓말하다, 눕다; 거짓말	☐
768	mathematics	수학(= math)	☐
769	middle	중간의	☐
770	might	~일지도 모른다	☐
771	move	움직이다, 이동하다	☐
772	nation	국가, 나라	☐
773	near	가까운; 가까이	☐
774	never	결코[절대] ~않다	☐
775	nothing	아무것도 없음	☐
776	ocean	바다, 대양	☐
777	office	사무소, 회사	☐
778	often	종종, 자주	☐
779	present	현재, 선물	☐
780	return	돌아오다	☐
781	safe	안전한	☐
782	same	같은	☐
783	save	구하다, 절약하다	☐
784	so	그래서	☐
785	sour	신맛이 나는	☐
786	stay	머무르다, 유지하다	☐
787	supper	저녁 식사	☐
788	teen	십 대의, 청소년의	☐
789	textbook	교과서	☐
790	than	~보다	☐
791	thing	것, 일	☐

792	thirst	목마름, 갈증 *cf.*) thirsty 목마른	☐
793	tonight	오늘밤	☐
794	tour	관광	☐
795	train	훈련하다; 기차	☐
796	travel	여행하다; 여행	☐
797	trip	여행	☐
798	turn	돌리다	☐
799	twice	두 번, 두 배	☐
800	type	유형, 종류	☐

MEMO

1

과거진행형

1. 과거진행형

과거진행형은 '~하는 중이었다, ~하고 있었다'라는 뜻입니다. **be동사**의 과거형과 **-ing**를 써서 「was/were + -ing」로 나타냅니다.

be동사	현재	am / is	are
	과거	**was**	**were**

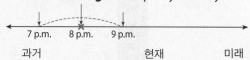

I **was watching** TV at 8 p.m. yesterday.

7 p.m. 8 p.m. 9 p.m.
과거   현재   미래

과거진행형	예
was/were + -ing	· They **were cleaning** the living room at 5. 그들은 5시에 거실을 청소하고 있었다. · She **was having** lunch with John yesterday. 그녀는 어제 John과 함께 점심 식사를 하고 있었다.

▶ 현재진행형은 He is/She is/It is를 He's/She's/It's로 줄여 쓸 수 있지만, 과거진행형은 그런 식으로 줄여 쓰지 않아요. 과거진행형도 똑같이 줄여 쓰면 구분할 수 없기 때문이에요.

현재진행형 부정문과 마찬가지로, 과거진행형 부정문도 be동사 뒤에 not을 씁니다.
· I was **not** studying English. 나는 영어를 공부하고 있지 않았다.

▶ was not = wasn't / were not = weren't

정답 및 해설 p. 02

과거진행형이 되도록 알맞은 말에 동그라미 하세요.

1. Peter's parents (was / were) drinking coffee. Peter의 부모님은 커피를 마시고 계셨다.

2. She (isn't / wasn't) drawing a picture. 그녀는 그림을 그리고 있지 않았다.

3. I (am / was) playing with dolls. 나는 인형을 가지고 놀고 있었다.

4. They weren't (reading / to read) books. 그들은 책을 읽고 있지 않았다.

5. (You're / You were) taking a nap at 2 o'clock. 너는 2시에 낮잠을 자고 있었다.

2. 과거와 과거진행형

과거는 과거에 '했던' 일, 동작, 상태를 나타냅니다. 과거진행형은 '하고 있던, 하던 중이었던' 일, 동작, 상태를 나타냅니다.

과거	과거진행형
· I **helped** my grandfather. 나는 나의 할아버지를 도와드렸다.	· I **was helping** my grandfather. 나는 나의 할아버지를 도와드리고 있었다.
· They **wrote** letters. 그들은 편지를 썼다.	· They **were writing** letters. 그들은 편지를 쓰고 있었다.

과거/과거진행형은 **yesterday, last week** 등 과거 시간과 씁니다. 문장에 과거 시간이 있는데 동사는 현재라면, 또는 그 반대라면 내용이 안 맞겠죠? 동사와 시간은 일치해야 합니다.

· I **was cooking** <u>yesterday</u>. (○) 나는 어제 요리하고 있었다. ◑ yesterday는 과거이므로 was cooking과 시간이 일치해요.

· I **was cooking** <u>now</u>. (×) ◑ now는 현재이므로 was cooking과 시간이 일치하지 않아요.

정답 및 해설 p. 02

과거를 과거진행형으로 알맞게 바꾸었으면 ○에, <u>잘못</u> 바꾸었으면 ✕에 표시하세요.

1. I played soccer.   →   I was playing soccer.   [○ / ✕]

나는 축구를 했다.   나는 축구를 하고 있었다.

2. Robert did his homework.   →   Robert did doing his homework.   [○ / ✕]

Robert는 그의 숙제를 했다.   Robert는 그의 숙제를 하고 있었다.

3. My father took a walk.   →   My father was taking a walk.   [○ / ✕]

나의 아버지는 산책하셨다.   나의 아버지는 산책하고 계셨다.

4. We made a toy car.   →   We were made a toy car.   [○ / ✕]

우리는 장난감 자동차를 만들었다.   우리는 장난감 자동차를 만들고 있었다.

5. She didn't cut the paper.   →   She not was cutting the paper.   [○ / ✕]

그녀는 종이를 자르지 않았다.   그녀는 종이를 자르고 있지 않았다.

Build Up

A 다음 중, 알맞은 말을 골라 빈칸에 쓰세요.

1. was / were → Kevin _____ listening to music.
   Kevin은 음악을 듣고 있었다.

2. wasn't / weren't → Leo and his friend _____ reading the newspaper.
   Leo와 그의 친구는 신문을 읽고 있지 않았다.

3. was / were → My sister and I _____ shopping at the mall.
   나와 나의 언니는 쇼핑몰에서 쇼핑하고 있었다.

4. wasn't / weren't → We _____ traveling to Rome.
   우리는 로마로 여행하고 있지 않았다.

5. wasn't / weren't → My dog _____ sleeping on the sofa.
   나의 개는 소파에서 자고 있지 않았다.

B 그림을 보고, 네모 안의 말과 be동사를 사용해 과거진행형 문장을 완성하세요.

snow   cross   look   drink   pick   brush

1. The children _____ _____ milk.

2. Lisa _____ _____ her teeth.

3. Two farmers _____ _____ apples.

4. A few ducks _____ _____ the river.

5. I _____ _____ at some birds.

6. It _____ _____ in Seoul.

정답 및 해설 p. 02

C 주어진 말을 사용해 과거진행형 문장을 완성하세요.

- not, watch → Jane ___was not watching___ TV last night.
  Jane은 어젯밤에 TV를 보고 있지 않았다.

1. ask → The student _____ a question.
   그 학생은 질문을 하고 있었다.

2. not, move → Tommy and Dean _____ the table.
   Tommy와 Dean은 테이블을 옮기고 있지 않았다.

3. practice → You _____ the cello at that time.
   너는 그 당시에 첼로를 연습하고 있었다.

4. not, cut → The guy _____ the tree there.
   그 남자는 거기서 그 나무를 자르고 있지 않았다.

5. not, water → They _____ the flowers.
   그들은 꽃에 물을 주고 있지 않았다.

D 과거를 과거진행형으로 바꿔 문장을 다시 쓰세요.

- We took a rest at home. → ___We were taking a rest at home.___
  우리는 집에서 쉬었다. 우리는 집에서 쉬고 있었다.

1. The babies cried loudly. → _____
   그 아기들은 큰 소리로 울었다. 그 아기들은 큰 소리로 울고 있었다.

2. Amy and Jim didn't dance together. → _____
   Amy와 Jim은 함께 춤을 추지 않았다. Amy와 Jim은 함께 춤추고 있지 않았다.

3. Mr. Robert didn't work on the farm. → _____
   Robert 씨는 그 농장에서 일하지 않았다. Robert 씨는 그 농장에서 일하고 있지 않았다.

4. It rained a lot. → _____
   비가 아주 많이 내렸다. 비가 아주 많이 내리고 있었다.

5. She didn't climb up the ladder. → _____
   그녀는 사다리를 올라가지 않았다. 그녀는 사다리를 올라가고 있지 않았다.

3. 과거진행형 의문문

과거진행형 의문문은 '～하고 있었니?, ～하던 중이었니?'라는 뜻입니다. 의문문이므로 be동사를 주어 앞에 써서 「Was/Were + 주어 + -ing?」가 됩니다.

- **She was working** last night. 그녀는 어젯밤에 일하고 있었다.

- **Was she working** last night? 그녀는 어젯밤에 일하고 있었니?

질문에 대해 대답이 긍정이면 'Yes, 주어(대명사) + was/were.'로, 부정이면 'No, 주어(대명사) + wasn't/weren't.'로 대답합니다.

의문문	대답
• **Were** you **sitting** on the sofa? 너는 소파에 앉아 있었니?	• Yes, I **was**. 응, 그랬어. • No, I **wasn't**. 아니, 그렇지 않았어.
• **Was** he **having** dinner? 그는 저녁을 먹고 있었니?	• Yes, he **was**. 응, 그랬어. • No, he **wasn't**. 아니, 그렇지 않았어.

you는 '너'도 되고, '너희들'도 됩니다. 상황에 맞춰 해석하면 됩니다.
- **Were you** swimming? 너는[너희들은] 수영하고 있었니?
  [대답] Yes, I **was**. ⊙ you가 한 명인 상황이에요. / Yes, we **were**. ⊙ you가 여러 명인 상황이에요.

Quiz

정답 및 해설 p. 02

다음 의문문이 알맞으면 ○에, 알맞지 <u>않으면</u> ✕에 표시하세요.

1. **Was she playing badminton?** 그녀는 배드민턴을 치고 있었니?　　　　　　　　[○ / ✕]

2. **Was you doing your homework?** 너[너희들]는 숙제하고 있었니?　　　　　　　[○ / ✕]

3. **Were Austin watching an insect?** Austin은 곤충을 보고 있었니?　　　　　　[○ / ✕]

4. **Were talking they loudly in the classroom?** 그들이 교실에서 시끄럽게 이야기하고 있었니? [○ / ✕]

5. **Was it snowing then?** 그때 눈이 내리고 있었니?　　　　　　　　　　　　　[○ / ✕]

4. 의문사 + 과거진행형 의문문

과거에 하고 있던 일에 관해 구체적으로 물을 때, 의문문 맨 앞에 What, Where, When, Who 등 의문사를 넣으면 됩니다. 의문문이므로 의문사 뒤에는 여전히 be동사가 주어보다 먼저 나옵니다.

What (무엇을)	• A: **What** was he studying? 그는 무엇을 공부하고 있었니? ▶ 'What was he doing?(그는 무엇을 하고 있었니?)'하고 물을 수도 있겠죠. B: He was studying math. 그는 수학을 공부하고 있었어.
Where (어디서)	• A: **Where** were you going? 너는 어디에 가고 있었니? B: I was going to the library. 나는 도서관에 가고 있었어.
When (언제)	• A: **When** was she driving? 그녀는 언제 운전하고 있었니? B: She was driving at 10. 그녀는 10시에 운전하고 있었어.
Who (누가)	• A: **Who was dancing** there? 누가 거기에서 춤추고 있었니? ▶ 주어가 Who(누가)이므로 was를 씁니다. B: Fred was dancing there. Fred가 거기에서 춤추고 있었어.

정답 및 해설 p. 02

다음 대화의 괄호 안에서 알맞은 말을 고르세요.

1. **A:** What (was / were) David wearing?
   B: He was wearing a brown T-shirt.

2. **A:** Who (was / were) talking on the phone?
   B: Mike was talking on the phone.

3. **A:** Where (was / were) they cooking?
   B: They were cooking in the kitchen.

4. **A:** (When / Where) was Ms. James taking pictures?
   B: She was taking pictures this morning.

5. **A:** (When / Who) was doing the dishes?
   B: Tiffany was doing the dishes.

Build Up

A 다음 우리말 뜻과 같도록 빈칸에 **Was** 또는 **Were**를 쓰세요.

1. _____ you feeding the birds?

   너는 새들에게 먹이를 주고 있었니?

2. _____ the boy counting numbers?

   그 소년은 숫자를 세고 있었니?

3. _____ your sisters watching TV?

   너의 자매들은 **TV**를 보고 있었니?

4. _____ Ben sleeping on the bed then?

   Ben은 그때 침대 위에서 자고 있었니?

5. _____ the children having lunch at 12 o'clock?

   그 아이들은 12시 정각에 점심 식사를 하고 있었니?

B 다음 대화의 빈칸에 알맞은 말을 쓰세요.

1. **A:** _____ you planting trees? 너희는 나무를 심고 있었니?

   B: Yes, we were. 응. 그랬어.

2. **A:** _____ the train arriving at the station? 그 기차가 역에 도착하고 있었니?

   B: No, it wasn't. 아니, 그렇지 않았어.

3. **A:** _____ were you doing last night? 너는 어젯밤에 무엇을 하고 있었니?

   B: I was listening to music. 나는 음악을 듣고 있었어.

4. **A:** _____ was knocking on the door? 누가 문을 두드리고 있었니?

   B: The boy was knocking on the door. 그 소년이 문을 두드리고 있었어.

5. **A:** _____ were your friends enjoying the party?

   너의 친구들은 어디에서 파티를 즐기고 있었니?

   B: They were enjoying the party at Tony's house. 그들은 Tony의 집에서 파티를 즐기고 있었어.

6. **A:** _____ was the plane flying? 언제 그 비행기가 날고 있었니?

   B: It was flying at five thirty. 그것은 5시 30분에 날고 있었어.

C 다음 우리말 뜻과 같도록 주어진 말을 사용해 과거진행형 의문문을 완성하세요.

- drink → _____Were_____ you _____drinking_____ tomato juice?
  너는 토마토 주스를 마시고 있었니?

---

1. ride → _____ the guys _____ horses?
   그 남자들은 말을 타고 있었니?

2. ring → _____ your phone _____ then?
   너의 전화기가 그때 울리고 있었니?

3. have → _____ _____ the girl _____ for breakfast?
   그 소녀가 아침 식사로 무엇을 먹고 있었니?

4. rain → _____ was it _____? 언제 비가 내리고 있었니?

5. wait → _____ _____ they _____ for their parents?
   그들은 어디에서 그들의 부모님을 기다리고 있었니?

6. practice → _____ was _____ the flute at the music room?
   누가 음악실에서 플루트를 연습하고 있었니?

D 괄호 안의 말을 바르게 배열해 의문문을 완성하세요.

1. _____? (shouting / was / last night / who)
   어젯밤에 누가 소리 지르고 있었니?

2. _____? (teaching / you / were / where / yoga)
   너는 어디에서 요가를 가르치고 있었니?

3. _____? (the baby / looking at / what / was)
   그 아기가 무엇을 바라보고 있었니?

4. _____? (mixing / was / what / the scientist)
   그 과학자가 무엇을 섞고 있었니?

5. _____? (Lydia / was / her mother / helping / when)
   Lydia가 언제 자기 어머니를 도와드리고 있었니?

Review Test

1 밑줄 친 부분을 바르게 고쳐 쓰세요.

> They <u>was</u> eating some salad.
> 그들은 샐러드를 좀 먹고 있었다.

→ _____

2 괄호 안에서 알맞은 말을 고르세요.

> The women were (riding not / not riding) a bike.

3 <u>잘못된</u> 부분을 고쳐서 문장을 다시 쓰세요.

> The boy what was studying?

→ _____

4 다음 짝지어진 대화가 <u>잘못된</u> 것을 고르세요.

① A: Were the men fishing?
   B: No, they weren't.
② A: Was your sister driving?
   B: Yes, she was.
③ A: When was the boy crying?
   B: He was crying at midnight.
④ A: What were they talking about?
   B: They were talking in the classroom.

[5-6] 다음 빈칸에 알맞은 말을 한 단어로 쓰세요.

5
> My brother and I _____ watching a movie yesterday.

6
> A: Was Paul taking a walk?
> B: No, he _____.

7 대화의 괄호 안에서 알맞은 말을 고르세요.

> A: (Were / Where were) you going?
> B: I was going to the bakery.

[8-9] 밑줄 친 부분을 과거진행형으로 고쳐 쓰세요.

8
> Audrey <u>closed</u> the window carefully.

→ _____

9
> My uncles <u>fixed</u> the ladder.

→ _____

10 빈칸에 들어갈 be동사가 <u>다른</u> 하나를 고르세요.

① _____ Emma cooking now?
② _____ it raining last night?
③ _____ he swimming yesterday?
④ _____ the man buying a hat then?

[11-12] 의문문에 대한 대답으로 알맞은 것을 고르세요.

11

> Were the cats playing with the ball?

→ No, they (aren't / weren't).

12

> Who was using the computer?

→ (Yes, he was. / Peter was using the computer.)

13 다음 빈칸에 알맞은 말을 각각 고르세요.

> • The men (was / were) dancing.
> • What (was / were) the teacher doing?

14 밑줄 친 ①~④ 중 잘못된 것을 고르세요.

> A: ① Was you and Fred ② cooking there?
> B: No, ③ we ④ weren't.

15 괄호 안에서 알맞은 말을 고르세요.

> Where (was Tim sitting / Tim was sitting)?

16 다음 문장을 부정문으로 바꿔 쓰세요.

> They were having breakfast.

→ _____

17 다음 대화의 빈칸에 알맞은 말을 쓰세요.

> A: _____ _____ David moving?
> B: He was moving a table.

중학교 시험에는 이렇게!

| 경기 ○○중 응용 |

18 다음 중 잘못된 문장을 고르세요.

① What was he making an hour ago?
② Some boys were climbing the tree.
③ Who was answering the phone?
④ Where were you driving now?
⑤ Was she talking about that?

| 서울 ○○중 응용 |

19 문장이 옳으면 ○에, 옳지 않으면 ✕에 표시하고 바르게 고쳐 쓰세요.

(1) Who speaking was so loudly?
→ [○ / ✕]

_____

(2) What were you and Jim watching?
→ [○ / ✕]

_____

Word Review

다음은 **Chapter 1**에 사용된 주요 단어입니다.
소리 내어 읽으면서 써보세요.

단어	뜻	쓰기	단어	뜻	쓰기
1 nap	낮잠, 잠깐 자는 잠		14 insect	곤충	
2 draw	그리다		15 feed	먹이를 주다, 먹이다	
3 newspaper	신문		16 count	(숫자를) 세다	
4 travel	여행하다		17 plant	(식물을) 심다; 식물	
5 pick	따다, 집다		18 knock	문을 두드리다, 노크하다	
6 cross	건너다		19 ring	(전화가) 울리다	
7 ask	묻다, 물어보다		20 scientist	과학자	
8 move	옮기다, 움직이다		21 salad	샐러드	
9 practice	연습하다		22 midnight	자정, 한밤중	
10 water	물을 주다; 물		23 ladder	사다리	
11 drive	운전하다		24 carefully	조심히	
12 rest	휴식		25 answer	전화를 받다, 대답하다	
13 farm	농장				

☆ **Word Review**에서 학습한 25개 단어는 워크북 09쪽에서 테스트해 볼 수 있습니다.

2

미래(1)

1. will

will은 '~할 것이다, ~일 것이다'라는 뜻을 나타냅니다. 앞으로 할 일, 일어날 일, 의지, 추측 등을 표현합니다. 긍정문은 「주어 + will + 동사원형」으로 씁니다.

will + 동사원형	· I **will arrive** at 10 tomorrow. 나는 내일 **10**시에 도착할 것이다. · It **will snow** next week. 다음 주에 눈이 올 것이다.

주어의 인칭, 단수/복수에 상관 없이 **will** 뒤에는 항상 동사원형을 씁니다.

▶ will도 주어에 상관 없이 항상 will입니다. She will go. (○) / She wills go. (×)

대명사 주어 + **will**을 '**ll**로 줄여 쓸 수 있습니다.

· I will come. = I'll come.	· We will come. = We'll come.
· You will come. = You'll come.	
· They will come. = They'll come.	· He will/She will/It will come. = He'll/She'll/It'll come.

정답 및 해설 p. 03

다음 문장에서 알맞은 말에 동그라미 하세요.

1. I (will finish / finish will) my homework today. 나는 오늘 숙제를 끝낼 것이다.

2. (She wills be / She'll be) here next year. 그녀는 내년에 여기 있을 것이다.

3. The boy (will drinks / will drink) hot chocolate. 그 소년은 핫초코를 마실 것이다.

4. (They'll wear / They'll wearing) their coats. 그들은 그들의 코트를 입을 것이다.

5. My aunt (will watch / will watches) the soccer game. 나의 이모는 그 축구 경기를 볼 것이다.

2. will 부정문

'~하지 않을 것이다'는 **will** 뒤에 **not**을 씁니다. 즉, 「주어 + will not + 동사원형」입니다. **will not**은 won't로 줄여 쓸 수 있습니다.

will not[won't] + 동사원형	· I **will not[won't]** take a bus. 나는 버스를 타지 않을 것이다. · Ethan **will not[won't]** learn French. Ethan은 프랑스어를 배우지 않을 것이다. · Her brothers **will not[won't]** go camping. 그녀의 남자 형제들은 캠핑하러 가지 않을 것이다.

Quiz

정답 및 해설 p. 03

다음 문장에서 알맞은 말에 동그라미 하세요.

1. We (not will move / will not move) to Busan.

   우리는 부산으로 이사하지 않을 것이다.

2. Ellen (won't go / won't goes) to Japan next week.

   Ellen은 다음 주에 일본에 가지 않을 것이다.

3. Annie (will not buy / will not buys) a new bike.

   Annie는 새 자전거를 사지 않을 것이다.

4. (They'll arrive not / They'll not arrive) this evening.

   그들은 오늘 저녁에 도착하지 않을 것이다.

5. Mr. Adams (won't invite / don't invite) Jack to the party.

   Adams 씨는 Jack을 파티에 초대하지 않을 것이다.

6. We (not have / won't have) lunch there.

   우리는 거기에서 점심을 먹지 않을 것이다.

7. (It'll will not rain / It'll not rain) on the weekend.

   주말에 비가 오지 않을 것이다.

8. I'll (borrow not / not borrow) this book.

   나는 이 책을 빌리지 않을 것이다.

Build Up

A Alan의 가족이 할 일을 나타낸 그림입니다. **will**과 주어진 말을 사용해 문장을 완성하세요.

make　　play　　eat　　go

1. Alan's family _____ _____ spaghetti on Tuesday.

2. Alan's father _____ _____ fishing this weekend.

3. Alan's mother _____ _____ badminton with her friend.

4. Alan _____ _____ sandwiches for a picnic.

B 밑줄 친 부분이 옳으면 ○에, 틀리면 ✕에 표시하고 알맞게 고쳐 쓰세요.

1. The actor <u>will takes</u> a rest tomorrow.　　[○ / ✕] → _____
그 배우는 내일 쉴 것이다.

2. Kevin <u>will not goes</u> skiing this winter.　　[○ / ✕] → _____
Kevin은 이번 겨울에 스키 타러 가지 않을 것이다.

3. My sister <u>won't eat</u> cookies for dessert.　　[○ / ✕] → _____
나의 언니는 후식으로 쿠키를 먹지 않을 것이다.

4. My brother and I <u>will solving</u> the problem.　　[○ / ✕] → _____
나의 형과 나는 그 문제를 해결할 것이다.

5. The movie <u>will is</u> fun.　　[○ / ✕] → _____
그 영화는 재미있을 것이다.

정답 및 해설 p. 04

C 주어진 말을 사용해 문장을 완성하세요.

•	clean	→	Erica _____will clean_____ her room in the afternoon. Erica는 오후에 자기 방을 청소할 것이다.

1. **not, have** → Mark and Judy _____ lunch at the restaurant.
   Mark와 Judy는 그 식당에서 점심을 먹지 않을 것이다.

2. **have** → We _____ a Christmas party at Sam's house.
   우리는 Sam의 집에서 크리스마스 파티를 할 것이다.

3. **not, take** → Those students _____ the guitar lesson today.
   그 학생들은 오늘 기타 수업을 듣지 않을 것이다.

4. **finish** → The man _____ his work before midnight.
   그 남자는 자정 전에 일을 끝낼 것이다.

5. **not, drive** → My mom _____ to work today.
   나의 엄마는 오늘 운전해서 출근하지 않을 것이다.

D will을 사용해 문장을 바꿔 쓰세요.

1. Robert plants a tree in the garden. → _____

2. I am in the fifth grade. → _____

3. The man loses weight. → _____

4. It is cloudy. → _____

5. The train doesn't arrive in time. → _____

6. He doesn't practice the violin today. → _____

7. She comes home late. → _____

8. My friends keep a promise. → _____

DAY 05

3. will 의문문

Will을 주어와 자리를 바꾸어 맨 앞에 쓰면 '~할 거니?, ~할까?'라는 의문문이 됩니다. 즉, 「Will + 주어 + 동사원형 ~?」 형태입니다.

- **They will** come here. 그들은 여기로 올 것이다.

- **Will they** come here? 그들은 여기로 올 거니?

대답은 긍정이면 'Yes, 주어(대명사) + will.'로, 부정이면 'No, 주어(대명사) + won't.'로 대답합니다.

의문문	대답
• **Will** you dance with Sally? 너는 Sally랑 춤을 출 거니?	• **Yes, I will.** 응, 그럴 거야. • **No, I won't.** 아니, 그러지 않을 거야.
• **Will** your sister go shopping? 너희 언니가 쇼핑하러 갈 거니?	• **Yes, She will.** 응, 그럴 거야. • **No, She won't.** 아니, 그러지 않을 거야.

정답 및 해설 p. 04

Quiz

다음 문장에서 알맞은 말에 동그라미 하세요.

1. (Will you join / Will join you) us?
   너 우리와 함께 할래?

2. (Will Amy come / Will Amy comes) today?
   Amy가 오늘 돌아올까?

3. (Will be it / Will it be) sunny this Friday?
   이번 금요일에 맑을까?

4. (Will wear he / Will he wear) this blue jacket?
   그가 이 파란 재킷을 입을까?

5. (Will be your friend / Will your friend be) late for the movie?
   너의 친구가 영화 시간에 늦을까?

6. (Will the students play / Will the students playing) volleyball after school?
   그 학생들이 방과 후에 배구를 할까?

4. 의문사 + will 의문문

구체적인 내용을 물을 때는 의문문 맨 앞에 What(무엇을), Where(어디서), When(언제), Who(누가) 등을 넣으면 됩니다.

What (무엇을)	• A: **What will** you do this weekend? 너는 이번 주말에 무엇을 할 거니? B: I will visit my grandparents. 나는 조부모님을 방문할 거야.
Where (어디서)	• A: **Where will** they go? 그들은 어디로 갈 거니? B: They will go to Mexico. 그들은 멕시코로 갈 거야.
When (언제)	• A: **When will** he arrive? 그는 언제 도착할 거니? B: He will arrive at 3. 그는 3시에 도착할 거야.
How (어떻게)	• A: **How will** you go there? 너는 거기에 어떻게 갈 거니? B: I will go there by bus. 나는 거기에 버스로 갈 거야.

● 「How long will + 주어 + 동사원형 ~?」으로 물으면 '얼마나 ~할 거니?'라는 뜻입니다.

Who (누가)	• A: **Who will give** this rose to Becky? 누가 이 장미를 Becky에게 줄 거니? B: Charlie will give it to her. Charlie가 그것을 그녀에게 줄 거야.

정답 및 해설 p. 04

다음 문장에서 알맞은 말에 동그라미 하세요.

1. (Will where Marvin buy / Where will Marvin buy) a refrigerator?
   Marvin이 어디에서 냉장고를 살 거니?

2. When (the jazz concert will / will the Jazz concert) begin?
   그 재즈 콘서트는 언제 시작할 거니?

3. Who (will carry / will carries) these boxes today?
   오늘 이 상자들을 누가 나를 거니?

4. (What will we have / Will we have what) for dinner?
   우리는 저녁 식사로 무엇을 먹을 거니?

5. (Who is will late / Who will be late) for the party?
   누가 파티에 늦을 거니?

6. (How long you will stay / How long will you stay) at the beach?
   너는 해변에 얼마나 머무를 거니?

Build Up

A 우리말 뜻과 같도록 주어진 말과 **will**을 사용해 문장을 완성하세요.

1. stay → _____ Philip _____ in Chicago next month?

   Philip은 다음 달에 시카고에 머물 거니?

2. be → _____ the kids _____ eleven years old next year?

   그 아이들이 내년에 11살이 될 거니?

3. where, buy → _____ _____ you _____ clothes?

   너는 어디에서 옷을 살 거니?

4. how, come → _____ _____ Oliver _____ here?

   Oliver는 여기에 어떻게 올 거니?

5. what, eat → _____ _____ you and Julie _____ for breakfast?

   너와 Julie는 아침 식사로 무엇을 먹을 거니?

6. who, take → _____ _____ _____ a shower first?

   누가 제일 먼저 샤워를 할 거니?

B 대화의 밑줄 친 부분을 바르게 고쳐 쓰세요.

1. A: Will play Tiffany the flute?

   B: Yes, she will. → _____

2. A: When they will talk about the news?

   B: They will talk about it tonight. → _____

3. A: How will she cutting the paper?

   B: She will cut it with the scissors. → _____

4. A: What you will do in your summer vacation?

   B: I'll make some cake for my family. → _____

5. A: Where you and your friend will meet tomorrow?

   B: My friend and I will meet at the bookstore. → _____

6. A: Who chooses will this black card?

   B: George will choose it. → _____

정답 및 해설 p. 04

C 우리말 뜻과 같도록 괄호 안의 말을 바르게 배열하세요.

1. (the farmer / plant / will / a tree) → _____ ?
그 농부가 나무를 심을 거니?

2. (new sneakers / buy / Diana / will) → _____ ?
Diana가 새 운동화를 살 거니?

3. (make / for his mom / what / he / will) → _____ ?
그는 그의 엄마에게 무엇을 만들어 드릴 거니?

4. (practice / will / when / they / dance) → _____ ?
그들은 언제 춤을 연습할 거니?

5. (will / go / how / she / to the airport) → _____ ?
그녀는 공항에 어떻게 갈 거니?

6. (it / cloudy / this weekend / be / will) → _____ ?
이번 주말에 날씨가 흐릴까?

7. (drive / will / the truck / who) → _____ ?
누가 그 트럭을 운전할 거니?

8. (you / what / for the party / prepare / will) → _____ ?
너는 파티를 위해 무엇을 준비할 거니?

9. (will / you / French / next year / learn) → _____ ?
너는 내년에 프랑스어를 배울 거니?

10. (take / will / the kids / where / a nap) → _____ ?
그 아이들은 어디에서 낮잠을 잘 거니?

11. (take care of / how long / the baby / you / will) → _____ ?
너는 그 아기를 얼마나 오래 돌볼 거니?

12. (Brian / will / busy / be / tomorrow) → _____ ?
Brian은 내일 바쁠까?

Chapter 2 미래(1) **041**

Review Test

[1-2] 괄호 안에서 알맞은 말을 고르세요.

1 Isabel (will not have / will not has) lunch.

2 Will (James take / take James) the plane?

3 대화의 빈칸에 알맞은 말을 쓰세요.

> A: Will the boys make a sandcastle?
>
> B: No, _____ _____.

4 다음 문장을 부정문으로 바꿔 쓰세요.

> Amy will buy an umbrella.

→ _____

5 다음 문장을 의문문으로 바꿔 쓰세요.

> The company will move to a new office.

→ _____

[6-7] 다음 빈칸에 알맞은 말을 고르세요.

6 They will _____ the fence.

① fix not   ② fixes not
③ not fix   ④ not fixes

7 Will the student _____ the teacher here?

① met   ② meet
③ meets   ④ meeting

8 다음 우리말을 영어로 바꿀 때 빈칸에 알맞은 말을 고르세요.

> 누가 닭들에게 먹이를 줄 거니?

→ (Who will feed / Who feed will) the chickens?

9 다음 대화의 빈칸에 알맞은 말을 쓰세요.

> A: Will you watch the movie next week?
>
> B: No, I _____.

10 다음 대화의 빈칸에 들어갈 알맞은 말을 고르세요.

> A: Where _____ study?
>
> B: We will study at Jim's house.

→ (you and your sister will / will you and your sister)

[11-12] 괄호 안의 말과 **will**을 사용해 문장을 완성하세요.

11

> _____ Gloria _____ me to her birthday party? (invite)

12

> _____ _____ _____ a laptop? (who, bring)

13 빈칸에 **will**이 들어갈 수 <u>없는</u> 것을 고르세요.

① It _____ rain this Wednesday.

② He _____ be busy tomorrow.

③ She _____ not stay at home yesterday.

④ They _____ not go camping tonight.

14 밑줄 친 ①~④ 중, <u>잘못된</u> 것을 고르세요.

> A: ①<u>When</u> ②<u>will</u> Dorothy ③<u>travel</u> for her vacation?
>
> B: She will ④<u>travel</u> to Brazil.

[15-16] 괄호 안의 말을 바르게 배열해 문장을 완성하세요.

15

> (not / the child / will / early / go to bed)
>
> 그 아이는 오늘 밤 일찍 잠자리에 들지 않을 것이다.

→ _____ tonight.

16

> (will / where / fly / those birds)
>
> 저 새들은 내일 어디로 날아갈까?

→ _____ tomorrow?

| 충북 ○○중 응용 |

17 다음 중, <u>잘못된</u> 대화를 고르세요.

① A: What will you do tomorrow?

   B: I'll play mobile games all day.

② A: Where will do Ms. Jones live?

   B: She will live in New York.

③ A: Who will be the next leader?

   B: Well, Esther will be the leader.

④ A: Will Sam talk about the news?

   B: No, he won't.

⑤ A: When will he come back?

   B: He will come back tonight.

| 제주 ○○중 응용 |

18 문장이 옳으면 ○에, 옳지 않으면 ✕에 표시하고 바르게 고쳐 쓰세요.

(1) They won't give an answer.

→ [○ / ✕]

_____

(2) Jack will need not the knives.

→ [○ / ✕]

_____

Word Review

다음은 **Chapter 2**에 사용된 주요 단어입니다.
소리 내어 읽으면서 써보세요.

단어	뜻	쓰기	단어	뜻	쓰기
1 arrive	도착하다		14 cloudy	흐린	
2 finish	끝내다		15 keep	지키다, 유지하다	
3 coat	코트		16 promise	맹세, 약속	
4 French	프랑스어		17 join	함께 하다	
5 move	이사하다, 옮기다		18 volleyball	배구	
6 invite	초대하다		19 rose	장미	
7 borrow	빌리다		20 vacation	방학	
8 ski	스키타다; 스키		21 choose	선택하다	
9 solve	해결하다		22 sneakers	운동화	
10 fun	재미있는		23 sandcastle	모래성	
11 lesson	수업, 강습		24 feed	먹이를 주다	
12 lose	잃다		25 laptop	노트북 컴퓨터, 랩톱	
13 weight	무게, 몸무게				

☆ **Word Review**에서 학습한 25개 단어는 워크북 18쪽에서 테스트해 볼 수 있습니다.

CHAPTER

3

미래(2)

1. be going to

'~할 예정이다'는 「be동사(am/are/is) + going to + 동사원형」을 씁니다. **will**보다 더 근거 있고 확실할 때 씁니다.

◐ 표현 자체에 going이 포함되어 있어요! 그래서 '갈 예정이다'는 be going to go가 됩니다.

의미는 예정이지만, **be동사**는 현재시제를 씁니다.

be going to + 동사원형	· I **am going to take** a shower after dinner. 나는 저녁 식사 후, 샤워할 예정이다. ◐ I가 주어이므로 am · They **are going to work** here tonight. 그들은 오늘 밤 여기서 일할 예정이다. ◐ They가 주어이므로 are · My aunt **is going to study** music. 나의 이모는 음악을 공부할 예정이다. ◐ My aunt가 주어이므로 is

대명사 주어와 **be going to**를 아래처럼 줄여 쓸 수 있습니다.

I **am going to** = I**'m going to** We **are going to** = We**'re going to**	You **are going to** = You**'re going to**	He/She/It **is going to** = He**'s**/She**'s**/It**'s going to** They **are going to** = They**'re going to**

Quiz

정답 및 해설 p. 05

괄호 안에서 알맞은 말에 동그라미 하세요.

1. The bus (is / be) going to leave at 8.
   버스가 8시에 떠날 예정이다.

2. It is going to (raining / rain) tonight.
   오늘 밤에 비가 내릴 예정이다.

3. The men (are / is) going to wear their ties.
   그 남자들은 타이를 멜 예정이다.

4. They (will / are) going to buy some eggs.
   그들은 달걀을 좀 살 예정이다.

5. (I'm / I) going to clean my room tomorrow.
   나는 내일 내 방을 청소할 예정이다.

2. be going to 부정문

'～할 예정이 아니다'는 be동사 뒤에 **not**을 써서 「am/are/is not going to + 동사원형」으로 나타냅니다.

am/are/is
+ not going to
+ 동사원형

- I **am not going to eat** pizza today.
  나는 오늘 피자를 먹지 않을 예정이다.
- We **are not going to see** the movie.
  우리는 그 영화를 보지 않을 예정이다.
- He **is not going to sell** the camera.
  그는 그 카메라를 팔지 않을 예정이다.

아래처럼 줄여 쓸 수 있습니다.

I am not going to
= **I'm not going to**
ⓘ I amn't로 줄여 쓸 수는 없어요!

We are not going to
= **We're not going to**
= **We aren't going to**

You **are not going to**
= You**'re not going to**
= You **aren't going to**

He/She/It **is not going to**
= He**'s**/She**'s**/It**'s not going to**
= He/She/It **isn't going to**

They **are not going to**
= They**'re not going to**
= They **aren't going to**

정답 및 해설 p. 05

Quiz

괄호 안에서 알맞은 말에 동그라미 하세요.

1. Grace is (going not / **not going**) to listen to the music.
   Grace는 음악을 듣지 않을 예정이다.

2. (We're / **We aren't**) not going to visit the art gallery.
   우리는 미술관을 방문하지 않을 예정이다.

3. The man (**isn't going** / is going not) to drive to work today.
   그 남자는 오늘 차를 몰고 출근하지 않을 예정이다.

4. My sister is (**not going** / going not) to leave this city.
   나의 언니는 이 도시를 떠나지 않을 예정이다.

5. It's (**not going to** / going to not) rain this week.
   이번 주에 비가 오지 않을 예정이다.

Build Up

A be going to와 괄호 안의 말을 사용해 문장을 완성하세요.

1. The farmer _____ _____ _____ _____ pumpkins. (grow)
   그 농부는 호박을 기를 예정이다.

2. We _____ _____ _____ _____ a new bridge. (build)
   우리는 새 다리를 건설할 예정이다.

3. My sister and I _____ _____ _____ _____ a violin class. (take)
   나의 언니와 나는 바이올린 수업을 들을 예정이다.

4. It's _____ _____ _____ _____ hot tomorrow. (not, be)
   내일은 덥지 않을 예정이다.

5. The boys _____ _____ _____ _____ their homework together. (do)
   그 소년들은 함께 숙제를 할 예정이다.

6. I'm _____ _____ _____ _____ that hat. (not, wear)
   나는 저 모자를 쓰지 않을 예정이다.

B 다음 밑줄 친 부분을 바르게 고쳐 쓰세요.

1. He <u>are going to</u> eat some sandwiches.　　→ _____
   그는 샌드위치를 좀 먹을 예정이다.

2. Jennifer <u>is going to jogging</u> tomorrow morning.　→ _____
   Jennifer는 내일 아침에 조깅할 예정이다.

3. Susan <u>is be going to</u> eat out tonight.　　→ _____
   Susan은 오늘 밤 외식을 할 예정이다.

4. The nurses <u>will going</u> to help the old guy.　→ _____
   그 간호사들은 그 나이 든 남자를 도울 예정이다.

5. I <u>won't going</u> to watch TV next week.　　→ _____
   나는 다음 주에 TV를 보지 않을 예정이다.

6. Roy and Mark <u>isn't going to</u> borrow those books.　→ _____
   Roy와 Mark는 그 책들을 빌리지 않을 예정이다.

C be going to를 사용해 문장을 바꿔 쓰세요. (줄임말을 쓰지 말 것)

1. **We eat some Japanese food.**

   우리는 일본 음식을 좀 먹는다.

   → _____

   우리는 일본 음식을 좀 먹을 예정이다.

2. **John buys a new TV.**

   John은 새 TV를 산다.

   → _____

   John은 새 TV를 살 예정이다.

3. **It is not cold today.**

   오늘은 춥지 않다.

   → _____

   오늘은 춥지 않을 예정이다.

4. **The girl talks on the phone.**

   그 소녀는 전화 통화를 한다.

   → _____

   그 소녀는 전화 통화를 할 예정이다.

5. **They don't bring their backpacks.**

   그들은 배낭을 가져오지 않는다.

   → _____

   그들은 배낭을 가져오지 않을 예정이다.

6. **Susan walks to school.**

   Susan은 학교에 걸어간다.

   → _____

   Susan은 학교에 걸어갈 예정이다.

7. **My uncle doesn't stay in this city.**

   나의 삼촌은 이 도시에 머물지 않으신다.

   → _____

   나의 삼촌은 이 도시에 머물지 않으실 예정이다.

8. **Her friends go hiking.**

   그녀의 친구들은 하이킹하러 간다.

   → _____

   그녀의 친구들은 하이킹하러 갈 예정이다.

9. **My mom doesn't watch the movie.**

   나의 엄마는 그 영화를 보지 않으신다.

   → _____

   나의 엄마는 그 영화를 보지 않으실 예정이다.

10. **It rains tonight.**

    오늘 밤에 비가 온다.

    → _____

    오늘 밤에 비가 올 예정이다.

11. **The farmer doesn't grow rice.**

    그 농부는 쌀을 재배하지 않는다.

    → _____

    그 농부는 쌀을 재배하지 않을 예정이다.

12. **Mr. Anderson goes there by bus.**

    Anderson 씨는 거기에 버스를 타고 간다.

    → _____

    Anderson 씨는 거기에 버스를 타고 갈 예정이다.

3. be going to 의문문

'~할 예정이니?'라는 의문문은 **be**동사를 주어 앞에 씁니다. 따라서 「Am/Are/Is + 주어 + going to + 동사원형」의 형태입니다.

▶ 'Am ~?(내가 ~할 예정이니?)'보다는 대부분 'Are/IS ~?'를 많이 쓰겠죠?

• **They are going to meet Tom.** 그들은 Tom을 만날 예정이다.

• **Are they going to meet Tom?** 그들은 Tom을 만날 예정이니?

대답은 긍정이면 'Yes, 주어(대명사) + am/are/is.'로, 부정이면 'No, 주어(대명사) + am/are/is not.'으로 대답합니다.

의문문	대답
• **Are** you going to ride a boat? 너는 보트를 탈 예정이니?	• **Yes, I am.** 응, 그럴 예정이야. • **No, I am not.** 아니, 그러지 않을 예정이야.
• **Is** he going to buy a car? 그는 자동차를 살 예정이니?	• **Yes, he is.** 응, 그럴 예정이야. • **No, he is not.** 아니, 그러지 않을 예정이야.

정답 및 해설 p. 06

다음 괄호 안에서 알맞은 말에 동그라미 하세요.

1. (Are / Is) Sam and his friend going to play chess?

   Sam과 그의 친구가 체스를 할 예정이니?

2. (Are / Is) the men going to cut the cake on the table?

   저 남자들이 테이블 위의 케이크를 자를 예정이니?

3. Are you going to (walk / walking) to school today?

   너는 오늘 학교에 걸어갈 예정이니?

4. Is Max going to (keep / keeps) a diary?

   Max가 일기를 쓸 예정이니?

5. (Is Ellen going / Is going Ellen) to arrive soon?

   Ellen이 곧 도착할 예정이니?

4. 의문사 + be going to 의문문

구체적인 내용을 물을 때는 의문문 맨 앞에 What, Where, When, Who 등을 넣으면 됩니다.

What (무엇을)	• A: **What are** you **going to do** tomorrow? 너는 내일 무엇을 할 예정이니? B: **I'm going to read this novel.** 나는 이 소설을 읽을 예정이야.
Where (어디서)	• A: **Where is** your sister **going to go** this winter? 너의 언니는 이번 겨울에 어디를 갈 예정이니? B: **She is going to go to New Zealand.** 그녀는 뉴질랜드에 갈 예정이야.
When (언제)	• A: **When are** Mark and Sally **going to have** a party? Mark와 Sally가 언제 파티를 할 예정이니? B: **They are going to have a party next month.** 그들은 다음 달에 파티를 할 예정이야.
Who (누가)	• A: **Who is going to move** this chair? 누가 이 의자를 옮길 예정이니? B: **Harry is going to move it.** Harry가 그것을 옮길 예정이야.

정답 및 해설 p. 06

 Quiz

다음 괄호 안에서 알맞은 말에 동그라미 하세요.

1. (Who is / Is who) going to drive today?
   누가 오늘 운전할 예정이니?

2. Where (are the girls / is the girls) going to play tennis?
   그 소녀들은 어디에서 테니스를 칠 예정이니?

3. (When are you / When you are) going to see the movie?
   너는 언제 그 영화를 볼 예정이니?

4. (What is he going / What he is going) to get from his parents?
   그는 자기 부모님으로부터 무엇을 받을 예정이니?

5. (Why are you / Why you are) going to bake cupcakes?
   너는 왜 컵케이크를 구울 예정이니?

Build Up

A 다음 대화의 밑줄 친 부분을 바르게 고쳐 쓰세요.

1. **A:** Are your parents going to come home late?
   B: Yes, they <u>do</u>.

   → _____

2. **A:** Is the farmer going <u>cutting</u> the grass?
   B: No, he isn't.

   → _____

3. **A:** What is Karen <u>go to eat</u> for breakfast?
   B: She is going to eat cereal.

   → _____

4. **A:** Where are <u>going the students</u> to go for a picnic?
   B: They are going to go to Rainbow Park.

   → _____

5. **A:** Who is <u>going clean</u> the bathroom?
   B: I'm going to clean the bathroom.

   → _____

B 예정에 관한 그림을 보고, 빈칸에 알맞은 말을 쓰세요.

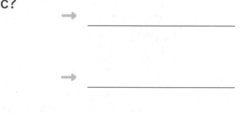

1. **A:** _____ he going to build a big house?
   B: Yes, he _____ .

2. **A:** _____ the kids going to take a test today?
   B: Yes, they _____ .

3. **A:** _____ it going to be cold next week?
   B: No, _____ _____ .

4. **A:** _____ you going to fix the clock soon?
   B: No, _____ _____ .

C 주어진 말과 **be going to**를 사용해 문장을 완성하세요.

•   what, you, eat   →   <u>What are you going to eat</u> for lunch?
                                            너는 점심 식사로 무엇을 먹을 예정이니?

---

1.   when, she, come   →   _____ back to Korea?
                             그녀는 언제 한국으로 돌아올 예정이니?

2.   they, finish   →   _____ the work by tomorrow?
                             그들이 내일까지 그 일을 끝낼 예정이니?

3.   where, they, meet   →   _____ this weekend?
                             그들이 이번 주말에 어디에서 만날 예정이니?

4.   who, do   →   _____ the dishes after lunch?
                             점심 식사 후에 누가 설거지를 할 예정이니?

5.   what, Judy, wear   →   _____ for her birthday party?
                             Judy가 자기 생일파티에 무엇을 입을 예정이니?

D 괄호 안의 말을 바르게 배열해 쓰세요. (반드시 **be going to**를 사용할 것)

1. _____? (the magic show / when / start)
   그 마술쇼가 언제 시작할 예정이니?

2. _____ next month? (close / the restaurant)
   그 음식점이 다음 달에 문을 닫을 예정이니?

3. _____ here? (arrive / when / the actors)
   그 배우들이 언제 여기에 도착할 예정이니?

4. _____ cold next week? (it / be)
   다음 주에 날씨가 추울 예정이니?

5. _____ for Mr. Smith? (we / what / buy)
   우리가 Smith 씨에게 무엇을 사줄 예정이니?

6. _____ the babies? (take care of / who)
   누가 그 아기들을 돌볼 예정이니?

Review Test

[1-3] 다음 괄호 안에서 알맞은 말을 고르세요.

1 Julia is going (eating / to eat) cereal for breakfast.

2 What (are / will) the women going to buy at the shop?

3 He is (going be / going to be) busy this evening.

[4-5] 다음 문장을 괄호 안의 지시대로 알맞게 바꿔 쓰세요. (줄임말을 쓰지 말 것)

4 We are going to go there by bus. (부정문으로)

→ We _____ go there by bus.

5 Tommy is going to keep a diary. (의문문으로)

→ _____ keep a diary?

6 다음 빈칸에 들어갈 수 없는 말을 고르세요.

I'm going to call my mom _____.

① tonight   ② this weekend
③ next week   ④ last night

[7-8] 밑줄 친 부분을 바르게 고쳐 문장을 다시 쓰세요.

7 She is going not to buy the gloves.

→ _____

8 Are the children going to using the gym?

→ _____

9 질문에 알맞은 대답이 되도록 빈칸을 채우세요.

A: Are you and Sue going to meet today?
B: Yes, _____ _____.

[10-11] 우리말 뜻과 같도록 괄호 안의 말과 be going to를 사용해 문장을 완성하세요.

10 그는 오늘 밤에 슬픈 영화를 볼 예정이다. (watch)

→ He _____ a sad movie tonight.

11 나는 올해 피아노 강습을 듣지 않을 예정이다. (take)

→ I'm _____ a piano lesson this year.

정답 및 해설 p. 06

12 다음 질문에 알맞은 대답을 고르세요.

> When is David going to arrive at the airport?

① Yes, he is.

② No, he's not going to arrive.

③ He is going to arrive at 10 p.m.

④ He's going to arrive at the airport.

[13-14] 주어진 말을 바르게 배열해 문장을 완성하세요.

13 (is / have / to / a party / Nick / going)

Nick은 다음 달에 파티를 할 예정이다.

→ _____ next month.

14 (not / to / my parents / take / going / the train / are)

나의 부모님은 그 기차를 타지 않으실 예정이다.

→ _____ .

[15-16] 밑줄 친 부분을 바르게 고쳐 문장을 다시 쓰세요.

15 Who <u>be going to</u> drive tomorrow?

→ _____

16 It <u>is going not to</u> be cloudy this weekend.

→ _____

| 서울 ○○중 응용 |

17 다음 중, <u>잘못된</u> 대화를 고르세요.

① A: Is the bus going to stop here?
   B: No, it's not.

② A: Who is going to wear the hat?
   B: My uncle is going to wear it.

③ A: Are your sons going to meet him?
   B: They are!

④ A: What are they going to do?
   B: They are going to ski.

⑤ A: When is he going to leave?
   B: He is going to leave next week.

| 경기 ○○중 응용 |

18 다음 문장을 주어진 대로 각각 바꿔 쓰세요. (줄임 말을 쓰지 말 것)

> Sue is going to be in the sixth grade.

(1) 부정문으로:

_____

(2) 의문문으로:

_____

Word Review

다음은 **Chapter 3**에 사용된 주요 단어입니다.
소리 내어 읽으면서 써보세요.

단어	뜻	쓰기	단어	뜻	쓰기
1 leave	떠나다, 출발하다		14 novel	소설	
2 tie	(넥)타이, 끈		15 bake	(빵을) 굽다	
3 gallery	미술관		16 cupcake	컵케이크	
4 pumpkin	호박		17 late	늦게; 늦은	
5 bridge	다리, 육교		18 farmer	농부	
6 build	건설하다, 짓다		19 grass	풀	
7 jog	조깅하다		20 finish	끝내다	
8 help	돕다		21 cereal	시리얼, 곡물	
9 borrow	빌리다		22 gym	체육관	
10 bring	가져오다		23 use	사용하다	
11 hike	하이킹하다		24 airport	공항	
12 boat	배, 보트		25 grade	학년, 등급	
13 diary	일기				

☆ **Word Review**에서 학습한 25개 단어는 워크북 27쪽에서 테스트해 볼 수 있습니다.

CHAPTER

4

비교급

1. 원급과 비교급(1)

형용사/부사의 기본 형태를 원급이라고 하며, '~한/~하게'로 해석합니다. 비교급은 '더 ~한, 더~ 하게'를 나타냅니다. 대부분은 원급에 -er을 붙여서 비교급을 만들지만, 규칙이 조금씩 다릅니다.

규칙		예
대부분	+ -er	• old 나이 많은 → older 더 나이 많은 • young 어린 → younger 더 어린 • tall 키가 큰 → taller 더 키가 큰 • short 짧은 → shorter 더 짧은
-e	+ -r	• nice 멋진 → nicer 더 멋진 • wise 현명한 → wiser 더 현명한 • large 큰 → larger 더 큰 • late 늦은; 늦게 → later 더 늦은; 더 늦게
자음 + -y	-y → -ier	• busy 바쁜 → busier 더 바쁜 • early 이른; 일찍 → earlier 더 이른; 더 일찍
단모음 + 단자음	끝 자음 하나 더 쓰고 + -er	• big 큰 → bigger 더 큰 • hot 뜨거운, 매운 → hotter 더 뜨거운, 더 매운 • fat 살찐 → fatter 더 살찐

▶ 규칙은 헷갈릴 수 있으니 단어의 글자 자체를 익히는 것이 좋아요!

정답 및 해설 p. 07

괄호 안에서 알맞은 비교급에 동그라미 하세요.

1. heavy: (**heavier** / heavyer)

2. deep: (**deeper** / deepper)

3. easy: (easyer / **easier**)

4. happy: (happyer / **happier**)

5. fat: (**fatter** / fater)

6. high: (highier / **higher**)

7. early: (**earlier** / earlyer)

8. fast: (fastter / **faster**)

2. 원급과 비교급(2)

more를 원급 앞에 붙여 비교급을 만드는 단어도 있습니다.

규칙		예
3음절 이상인 단어	**more + 원급**	• beautiful 아름다운　→ **more** beautiful 더 아름다운 • difficult 어려운　→ **more** difficult 더 어려운 • expensive 비싼　→ **more** expensive 더 비싼 • delicious 맛있는　→ **more** delicious 더 맛있는 • interesting 흥미로운　→ **more** interesting 더 흥미로운
예외적인 2음절 단어		• famous 유명한　→ **more** famous 더 유명한 • boring 지루한　→ **more** boring 더 지루한 • quickly 빨리　→ **more** quickly 더 빨리 • careful 조심하는　→ **more** careful 더 조심하는

원급과 비교급의 모양이 완전히 다른 단어도 있습니다.

예	
• good 좋은, 훌륭한 / well 좋게	→ **better** 더 좋은, 더 훌륭한 / 더 좋게
• bad 나쁜, 형편없는	→ **worse** 더 나쁜, 더 형편없는
• many 많은 / much 많은; 많이	→ **more** 더 많은 / 더 많이
• little 적은; 조금	→ **less** 더 적은; 더 적게

정답 및 해설 p. 07

Quiz

괄호 안에서 알맞은 비교급에 동그라미 하세요.

1. young: (younger / more young)

2. short: (shorter / more short)

3. beautiful: (more beautiful / beautifuler)

4. tall: (more tall / taller)

5. quickly: (quicklier / more quickly)

6. little: (littler / less)

7. difficult: (difficulter / more difficult)

8. many: (manier / more)

9. interesting: (interestinger / more interesting)

10. bad: (badder / worse)

DAY 10

Build Up

A 우리말과 같은 뜻이 되도록 빈칸에 알맞은 원급 또는 비교급을 쓰세요.

1. My brother comes home late. My father comes home _____.
   나의 형은 집에 늦게 온다. 나의 아버지는 집에 더 늦게 오신다.

2. This bag looks good. That bag looks _____.
   이 가방은 좋아 보인다. 저 가방은 더 좋아 보인다.

3. The river is beautiful. The ocean is _____.
   강은 아름답다. 바다는 더 아름답다.

4. Sally is wise. Her mother is _____.
   Sally는 현명하다. 그녀의 어머니는 더 현명하다.

5. The tea is warm. The water is _____.
   우유는 따뜻하다. 물은 더 따뜻하다.

6. The red pen is _____. The black pen is thinner.
   빨간펜은 가늘다. 검은펜은 더 가늘다.

B 그림을 보고, 알맞은 말을 골라 비교급으로 바꿔 쓰세요. (중복 사용 금지)

> fat　large　slow　strong　hot　dirty

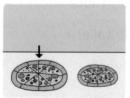

1. The car is _____.

2. His uncle is _____.

3. The dog is _____.

4. This pizza is _____.

5. The T-shirt is _____.

6. Her tea is _____.

C 밑줄 친 부분을 비교급으로 바꿔 문장을 다시 쓰세요.

1. He goes to school early. → _____

2. The question is difficult. → _____

3. This bottle is light. → _____

4. That pink dress is pretty. → _____

5. The shoes are expensive. → _____

6. Tony dances well. → _____

7. The football player is famous. → _____

8. There are many people. → _____

D 다음 우리말 뜻과 같도록 주어진 말을 사용해 문장을 완성하세요.

1. weak → The child is _____. The baby is _____.
   그 아이는 약하다. 그 아기는 더 약하다.

2. hard → Jenny studies _____. Tim studies _____.
   Jenny는 열심히 공부한다. Tim은 더 열심히 공부한다.

3. smart → An elephant is _____. A dolphin is _____.
   코끼리는 똑똑하다. 돌고래는 더 똑똑하다.

4. rich → Mr. Miller is _____. His grandfather is _____.
   Miller 씨는 부유하다. 그의 할아버지는 더 부유하다.

5. bad → It is _____ now. It was _____ yesterday.
   그것은 지금 나쁘다. 그것은 어제 더 나빴다.

6. cool → My room is _____. Joe's room is _____.
   나의 방은 시원하다. Joe의 방은 더 시원하다.

7. exciting → Their game is _____. Our game is _____.
   그들의 경기는 흥미진진하다. 우리의 경기는 더 흥미진진하다.

3. 비교급 + than

비교급을 쓰고, than 뒤에 비교 대상을 쓰면 '…보다 더 ~한/하게'라는 뜻입니다.
▶ A is bigger than B(A는 B보다 크다).

비교급 + than + 비교 대상

· Ben is **taller than** Jake.
  Ben은 Jake보다 키가 더 크다.

· He runs **faster than** her.
  그는 그녀보다 더 빨리 달린다.

· The sun is **brighter than** the moon.
  태양은 달보다 더 밝다.

· The baseball team is **more famous than** the basketball team.
  야구팀은 농구팀보다 더 인기 있다.

· She has **more** eggs **than** me.
  그녀는 나보다 달걀을 더 많이 가지고 있다.

정답 및 해설 p. 08

A 우리말 뜻과 같도록 괄호 안에서 알맞은 말에 동그라미 하세요.

1. Mike sings (well / better) than Cathy.
   Mike는 Cathy보다 노래를 더 잘한다.

2. This book is (difficult / more difficult) than that book.
   이 책은 저 책보다 더 어렵다.

3. That T-shirt is more expensive (than / that) this T-shirt.
   저 티셔츠는 이 티셔츠보다 더 비싸다.

4. Wendy walks (more quickly than / more than quickly) her sister.
   Wendy는 자기 언니보다 더 빨리 달린다.

5. This pizza is (delicious more / more delicious) than that pizza.
   이 피자는 저 피자보다 더 맛있다.

6. Today is (than colder / **colder than**) yesterday.

   오늘은 어제보다 더 춥다.

7. Sam is talking (loud / **louder**) than Bob.

   Sam은 Bob보다 더 크게 이야기하고 있다.

8. The sea is (wide than / **wider than**) the lake.

   바다는 호수보다 더 넓다.

9. The teachers know (much / **more**) than the students.

   선생님들은 학생들보다 더 많이 안다.

10. Those pants are (cheaper / **cheaper than**) this jacket.

    저 바지는 이 재킷보다 더 싸다.

B 두 문장을 합쳐 하나로 바르게 나타냈으면 ○에, 잘못 나타냈으면 ✕에 표시하세요.

1. This house is old. That tree is older.
   → That tree is older than this house.　　　　　　　　[○ / ✕]

2. This pen is thin. That pen is thinner.
   → That pen is thinner than thin.　　　　　　　　　　[○ / ✕]

3. The man jumps high. The player jumps higher.
   → The man jumps higher than the player.　　　　　　[○ / ✕]

4. Michael is busy. Jennifer is busier.
   → Jennifer is busier than Michael.　　　　　　　　　[○ / ✕]

5. The apple pie is sweet. The chocolate cake is sweeter.
   → The chocolate cake is sweeter than the apple pie.　[○ / ✕]

6. You look happy. Your brother looks happier.
   → Your brother looks happy than you.　　　　　　　　[○ / ✕]

7. Water is cold. Ice is colder.
   → Ice is colder than water.　　　　　　　　　　　　[○ / ✕]

8. Emily studies hard. Brian studies harder.
   → Brian studies harder than Emily.　　　　　　　　　[○ / ✕]

Build Up

A 그림을 보고, 괄호 안의 말과 **than**을 사용해 비교급 문장을 완성하세요.

1. Beth drinks _____ water _____ her brother. (much)

2. The bike runs _____ _____ _____ the car. (slowly)

3. The melons are _____ _____ _____ the tomatoes. (expensive)

4. These cookies are _____ _____ _____ those pies. (delicious)

B 주어진 말을 사용해 비교급 문장을 완성하세요.

> • sweet → Honey is _sweeter than_ sugar.
> 꿀은 설탕보다 더 달다.

1. boring → The science class is _____ the math class.
과학 수업은 수학 수업보다 더 지루하다.

2. bad → The second news is _____ the first news.
두 번째 소식은 첫 번째 소식보다 더 나쁘다.

3. little, time → Today we have _____ yesterday.
오늘 우리는 어제보다 시간이 더 적다.

4. important → Health is _____ money.
건강은 돈보다 더 중요하다.

5. easy → Rosie's yoga class is _____ Gloria's.
Rosie의 요가 수업은 Gloria의 요가 수업보다 더 쉽다.

C 우리말 뜻과 같도록 밑줄 친 부분을 바르게 고쳐 문장을 다시 쓰세요.

1. This pencil <u>is more short than</u> that pencil. 이 연필은 저 연필보다 더 짧다.
   → _____

2. David <u>is than younger</u> his brother. David는 자기 형보다 더 어리다.
   → _____

3. I <u>get up late than</u> my father. 나는 나의 아버지보다 더 늦게 일어난다.
   → _____

4. English <u>is easier</u> Spanish. 영어는 스페인어보다 더 쉽다.
   → _____

5. My room <u>is warmmer than</u> the living room. 나의 방은 거실보다 더 따뜻하다.
   → _____

6. The candy <u>is sweeter that</u> the chocolate. 사탕은 초콜릿보다 더 달다.
   → _____

7. Phil <u>is more lazy than</u> Steve. Phil은 Steve보다 더 게으르다.
   → _____

8. <u>Their classroom is cleaner than our classroom.</u> 우리 교실이 그들의 교실보다 더 깨끗하다.
   → _____

9. My grandmother <u>is more weak than</u> me. 나의 할머니는 나보다 몸이 더 약하다.
   → _____

10. He works <u>hardly than</u> his friend. 그는 자기 친구보다 더 열심히 일한다.
    → _____

Review Test

[1-2] 주어진 단어의 비교급을 쓰세요.

1
(1) easy: _____ (2) sad: _____

2
(1) much: _____ (2) little: _____

[3-4] 괄호 안에서 알맞은 말을 고르세요.

3
My puppy is (cuter / more cute) than this doll.

4
Soccer is (much / more) exciting than baseball.

[5-6] 다음 중, 빈칸에 들어갈 수 <u>없는</u> 말을 고르세요.

5
You look _____ than before.

① happier   ② nicer
③ better   ④ good

6
This is more _____ than that.

① heavy   ② boring
③ important   ④ beautiful

7 다음 중, 밑줄 친 부분이 <u>잘못된</u> 것을 고르세요.

① Jack is <u>younger than</u> Bill.
② Sue needs <u>more money</u>.
③ Alex is <u>fatter than</u> his brother.
④ Movies are <u>funny than</u> books.

8 밑줄 친 부분을 바르게 고쳐 문장을 다시 쓰세요.

The giraffe is <u>more than tall</u> the deer.

→ _____

[9-10] 괄호 안의 말을 사용해 비교급 문장을 완성하세요.

9
Do you come home _____ _____ Joe? (early)

10
Anna is _____ _____ _____ Elsa. (famous)

11 빈칸에 들어갈 말이 알맞은 순서대로 된 것을 고르세요.

· A swing is _____ exiting than a slide.
· His voice is _____ than mine.

① more – lower
② more – more low
③ much – low
④ much – lower

12 주어진 문장과 같은 의미가 되도록 빈칸에 알맞은 말을 쓰세요.

> Paul is older than Nick.

→ Nick is _____ _____ Paul.

13 밑줄 친 ①~④중, 잘못된 것을 고르세요.

> This dress is ① more ② prettier ③ than ④ that blouse.

[14-15] 밑줄 친 부분을 바르게 고쳐 쓰세요.

14
> The weather is more bad than yesterday.

→ _____

15
> This table is expensive more than that chair.

→ _____

16 밑줄 친 부분을 바르게 고쳐 문장을 다시 쓰세요.

> William dances more well than other kids.

→ _____

[17-18] 괄호 안의 말을 바르게 배열해 문장을 완성하세요. (반드시 than을 추가할 것)

17
> (runs / the car / faster / the train)

기차는 자동차보다 더 빨리 달린다.

→ _____

18
> (thicker / this book / that magazine / is)

이 책은 저 잡지보다 더 두껍다.

→ _____

중학교 시험에는 이렇게!

| 서울 ○○중 응용 |

19 잘못된 문장에 밑줄을 치고, 바르게 고쳐 쓰세요.

> Vicky is my sister. She wakes up earlier than me. She goes to school late than me. I come home earlier than her.

→ _____

| 강원 ○○중 응용 |

20 표를 보고, 괄호 안의 단어를 사용해 비교급 문장을 완성하세요.

이름	키	나이
Peter	129 cm	11 years old
Lisa	135 cm	10 years old

(1) Peter _____. (short)

(2) Lisa _____. (young)

Word Review

다음은 **Chapter 4**에 사용된 주요 단어입니다.
소리 내어 읽으면서 써보세요.

단어	뜻	쓰기	단어	뜻	쓰기
1 short	짧은		14 boring	지루한	
2 wise	현명한		15 important	중요한	
3 late	늦은; 늦게		16 thick	두꺼운	
4 easy	쉬운		17 lazy	게으른	
5 early	이른; 일찍		18 giraffe	기린	
6 fat	살이 찐		19 magazine	잡지	
7 famous	유명한		20 cheap	값이 싼	
8 interesting	흥미로운		21 low	낮은	
9 thin	얇은, 가는		22 swing	그네	
10 weak	약한		23 mine	나의 것	
11 exciting	흥미진진한		24 worse	더 나쁜	
12 smart	똑똑한		25 sweet	단, 달콤한	
13 wide	넓은				

☆ **Word Review**에서 학습한 25개 단어는 워크북 36쪽에서 테스트해 볼 수 있습니다.

Mid-Term

Mid-Term

[1-2] 다음 괄호 안에서 알맞은 말을 고르세요.

1 My dad (were / was) fixing the fence.

2 Sally and I were (not eating / eating not) snacks.

3 다음 질문에 알맞은 대답을 고르세요.

A: Where will you practice the flute?

B: (Yes, I'll practice it. / I'll practice it here.)

4 다음 질문에 알맞은 대답을 쓰세요.

A: Was your aunt showing the picture to you?

B: No, _____ _____.

5 다음 짝지어진 대화가 <u>잘못된</u> 것을 고르세요.

① A: Were you planting a tree?

B: Yes, we were.

② A: Was the bus arriving there?

B: No, it weren't.

③ A: Who was entering the room?

B: Henry was entering the room.

④ A: What was Eric reading?

B: He was reading a letter.

[6-7] 문장에서 <u>잘못된</u> 단어를 쓰고, 바르게 고쳐 쓰세요.

6 The farmer was water the apple trees then.

농부는 그때 사과나무에 물을 주고 있었다.

→ _____ → _____

7 What was you making in the kitchen?

너는 주방에서 무엇을 만들고 있었니?

→ _____ → _____

8 빈칸에 **will**이 들어갈 수 <u>없는</u> 것을 고르세요.

① John _____ call you.

② I _____ go to bed early tonight.

③ Tina _____ buy some vegetables.

④ The store _____ opened last month.

9 밑줄 친 부분을 바르게 고쳐 문장을 다시 쓰세요.

<u>Is</u> your friends going to do their homework?

→ _____

10 우리말 뜻과 같도록 괄호 안의 말과 **will**을 사용해 문장을 완성하세요.

_____ _____ your brother _____ this Saturday? (do)

너의 형은 이번 토요일에 무엇을 할 거니?

11 다음 의문문에 알맞은 대답을 고르세요.

> What time will Lucy leave her house?
>
> → (No, she won't. / She will leave at five.)

[12-13] 괄호 안의 지시대로 문장을 바꿔 쓰세요.

12
> They take guitar lessons.
> (will을 넣어서)

→ _____

13
> The children will talk about the book. (부정문으로)

→ _____

14 다음 대화의 빈칸에 알맞은 말을 고르세요.

> The actress _____ going to arrive in New York soon.

① am   ② are
③ is   ④ were

15 다음 질문에 알맞은 대답을 고르세요.

> A: Are Cindy and Jake going to visit the gallery?
> B: No, they (don't / aren't).

16 다음 괄호 안에서 알맞은 말을 고르세요.

> It (will going to / is going to) be foggy tomorrow.

17 질문에 알맞은 대답이 되도록 괄호 안의 말을 배열해 쓰세요.

> A: What are you going to do?
> B: (to / shopping / going / I'm / go)

→ _____.

18 다음 짝지어진 대화가 <u>잘못된</u> 것을 고르세요.

① A: Will you join our football team?
   B: Yes, I will.
② A: Will your son come home late?
   B: No, he won't.
③ A: Will Alice meet Joan this Sunday?
   B: Yes, she meets.
④ A: Will the kids go on a picnic soon?
   B: No, they won't.

19 우리말 뜻과 같도록 괄호 안의 단어를 바르게 배열해 쓰세요.

> (visit / when / are / the museum / going to / you)
> 너희들은 언제 박물관을 방문할 예정이니?

→ _____?

[20-21] 괄호 안에 주어진 말을 사용해 문장을 다시 쓰세요.

20 They build a bridge. (be going to)

→ _____

21 I'm going to work there next week. (not)

→ _____

22 주어진 단어의 비교급을 쓰세요.

(1) many: _____ (2) dirty: _____

23 원급과 비교급이 잘못 짝지어진 것을 고르세요.

① soft − softer
② rich − richer
③ warm − warmer
④ quickly − quicklier

24 다음 빈칸에 알맞은 말을 고르세요.

I feel (badder / worse) than yesterday.

25 다음 빈칸에 들어갈 수 없는 말을 고르세요.

The artist is more _____ than his paintings.

① nice   ② famous
③ popular ④ beautiful

26 다음 중, 잘못된 문장을 고르세요.

① This bike is cheaper.
② That pink dress is prettier.
③ Johnny sings better than Sam.
④ Birds fly more high than bees.

[27-28] 두 문장을 한 문장으로 나타낼 때, 빈칸에 알맞은 말을 쓰세요. (반드시 than을 사용할 것)

27 The candy is sweet. The chocolate is sweeter.

→ The chocolate is _____ the candy.

28 The glasses are expensive. The sunglasses are more expensive.

→ The sunglasses are _____ the glasses.

[29-30] 우리말 뜻과 같도록 괄호 안의 말을 사용해 문장을 완성하세요.

29 It _____ _____ _____ yesterday. (cold)
날씨가 어제보다 더 춥다.

30 These books are _____ _____ _____ those books. (difficult)
이 책들은 저 책들보다 더 어렵다.

CHAPTER

5

최상급

1. 최상급(1)

최상급은 '가장 ~한, 가장 ~하게'를 나타냅니다. 최상급은 형용사/부사 끝에 -(e)st를 붙여서 만듭니다. 최상급 앞에는 the를 붙입니다.

	형용사/부사	규칙	예
the +	대부분	+ -est	• young 어린 → **the youngest** 가장 어린 • short 짧은 → **the shortest** 가장 짧은 • fast 빠른 → **the fastest** 가장 빠른
	-e	+ -st	• nice 멋진 → **the nicest** 가장 멋진 • wise 현명한 → **the wisest** 가장 현명한 • late 늦은; 늦게 → **the latest** 가장 늦은; 가장 늦게
	자음 + -y	-y → -i + -est	• busy 바쁜 → **the busiest** 가장 바쁜 • easy 쉬운 → **the easiest** 가장 쉬운 • early 이른; 일찍 → **the earliest** 가장 이른; 가장 일찍
	단모음 + 단자음	끝 자음 하나 더 쓰고 + -est	• big 큰 → **the biggest** 가장 큰 • hot 뜨거운, 매운 → **the hottest** 가장 뜨거운, 가장 매운

Quiz

정답 및 해설 p. 11

괄호 안에서 알맞은 최상급에 동그라미 하세요.

1. busy: (the busyest / the busiest)

2. large: (the largeist / the largest)

3. fat: (the fattest / the fatest)

4. early: (the earliest / the earlyest)

5. happy: (the happyest / the happiest)

6. sad: (the saddest / the sadest)

2. 최상급(2)

the most를 원급 앞에 붙여 **최상급**을 만드는 형용사/부사도 있습니다.

형용사/부사	규칙	예
3음절 이상인 단어	the most + 원급	• beautiful 아름다운 → **the most** beautiful 가장 아름다운 • difficult 어려운 → **the most** difficult 가장 어려운 • expensive 비싼 → **the most** expensive 가장 비싼 • delicious 맛있는 → **the most** delicious 가장 맛있는 • interesting 흥미로운 → **the most** interesting 가장 흥미로운
예외적인 2음절 단어		• famous 유명한 → **the most** famous 가장 유명한 • boring 지루한 → **the most** boring 가장 지루한 • slowly 천천히 → **the most** slowly 가장 천천히 • useful 유용한 → **the most** useful 가장 유용한

원급과 최상급의 모양이 완전히 다른 형용사/부사도 있습니다.

예
• good 좋은, 훌륭한 / well 잘 → **the best** 가장 좋은, 가장 훌륭한 / 가장 잘 • bad 나쁜, 형편없는 → **the worst** 가장 나쁜, 가장 형편없는 • many 많은 / much 많은; 많이 → **the most** 가장 많은; 가장 많이 • little 적은; 조금 → **the least** 가장 적은; 가장 적게

부사의 최상급은 **the**를 생략할 수 있습니다.
• Brad runs **the fastest** in my class. → Brad runs (the) **fastest** in my class. (○)

정답 및 해설 p. 11

Quiz

괄호 안에서 알맞은 최상급에 동그라미 하세요.

1. tall: (the tallest / the most tall)
2. famous: (the famoust / the most famous)
3. little: (the littlest / the least)
4. delicious: (the deliciousest / the most delicious)
5. quickly: (the most quickly / the quickliest)
6. many: (the most / the maniest)

Build Up

A 우리말 뜻과 같도록 괄호 안의 말을 사용해 문장을 완성하세요.

1. This is _____ _____ toy in this store. (new)
   이것은 이 가게에서 가장 새로운 장난감이다.

2. Her bag is _____ _____ of the three. (heavy)
   그녀의 가방이 셋 중에서 가장 무겁다.

3. It is _____ _____ river in the world. (long)
   그것은 세상에서 가장 긴 강이다.

4. It is _____ _____ mountain in Korea. (high)
   그것은 한국에서 가장 높은 산이다.

5. He is _____ _____ violinist in the world. (good)
   그는 세계에서 가장 훌륭한 바이올린 연주자이다.

6. David's sandwich is _____ _____ _____ in the town. (delicious)
   David의 샌드위치는 동네에서 가장 맛있다.

7. That game was _____ _____ _____ for me. (boring)
   그 경기는 나에게 가장 지루했다.

8. This room is _____ _____ in this hotel. (bright)
   이 방은 이 호텔에서 가장 밝다.

9. That T-shirt is _____ _____ in the shop. (cheap)
   그 티셔츠는 가게에서 가장 싸다.

10. It was _____ _____ movie for me. (bad)
    그것은 나에게는 가장 형편없는 영화였다.

11. She is _____ _____ _____ actress in the country. (beautiful)
    그녀는 그 나라에서 가장 아름다운 여배우이다.

12. Joe has _____ _____ money of the four. (little)
    Joe는 넷 중에서 돈을 가장 적게 가지고 있다.

B 주어진 단어를 최상급으로 바꿔 문장을 완성하세요.

• smart → Joel is _the smartest_ student.
Joel은 가장 똑똑한 학생이다.

---

1. easy → That question was _____ in the test.
그 문제는 시험에서 가장 쉬웠다.

2. useful → It is _____ map in the world.
그것은 세계에서 가장 유용한 지도이다.

3. fast → The player is _____ in his team.
그 선수는 그의 팀에서 가장 빠르다.

4. great → Cindy is _____ singer.
Cindy는 가장 훌륭한 가수이다.

5. important → It is _____ day for me.
그것은 나에게 가장 중요한 날이다.

6. brave → The girl is _____ in her class.
그 소녀는 자기 반에서 가장 용감하다.

7. much → I like ice cream _____ of all the food.
나는 그 모든 음식 중에 아이스크림을 가장 많이 좋아한다.

8. comfortable → This is _____ sofa in the shop.
이것은 가게에서 가장 편안한 소파이다.

9. exciting → Basketball is _____ sport.
농구는 가장 흥미진진한 스포츠이다.

10. famous → Nick is _____ cook in the village.
Nick은 마을에서 가장 유명한 요리사이다.

3. 소유격 + 최상급

소유격은 my, your, her, their 등입니다. 소유격을 최상급과 함께 쓰면 '나의/너의/그녀의/그들의… 가장 ~한'이라는 뜻입니다.

소유격 + 최상급

- This is **my best** song. 이것은 나의 최고의 노래이다.
- Is this **your longest** pencil? 이것이 너의 가장 긴 연필이니?
- It was **her most expensive** bike. 그것은 그녀의 가장 비싼 자전거였다.
- That was **their worst** game. 그것은 그들의 최악의 경기였다.

이때, 소유격과 the는 같이 쓰지 않습니다.

- That was **my best** show. 그것은 나의 최고의 공연이었다.
  → That was <u>the my</u> best show. (×)
  → That was <u>my the</u> best show. (×)

소유격을 먼저 쓰고 뒤에 최상급을 씁니다.

- It was **her most beautiful** song. 그것은 그녀의 가장 아름다운 노래였다.
  → It was <u>most beautiful her</u> song. (×)
  → It was <u>most her beautiful</u> song. (×)
  → It was <u>her beautiful most</u> song. (×)
- most와 beautiful을 분리하면 안 돼요!

![Quiz]

정답 및 해설 p. 11

우리말 뜻과 같도록 괄호 안에서 알맞은 말을 고르세요.

1. This is (her best / the her best) picture.
   이것은 그녀의 최고의 사진이다.

2. It is (our the most important / our most important) meeting.
   그것은 우리의 가장 중요한 회의이다.

3. They are (my best / the best my) friends.
   그들은 나의 가장 친한 친구들이다.

4. It was (their most exciting / most their exciting) match.

그것은 그들의 가장 흥미진진한 시합이었다.

5. Lena is (my closest / the my closest) friend.

Lena는 나의 가장 가까운 친구이다.

6. What was your (best / the best) experience in school?

학교에서 가장 좋았던 경험은 무엇이었니?

7. That is (most the their expensive / their most expensive) car.

저것은 그들의 가장 비싼 차다.

8. It was (worst his / his worst) game last year.

그것은 작년에 그의 가장 형편없는 경기였다.

9. Are these (your best / best your) clothes?

이것들은 너의 가장 좋은 옷이니?

10. Lucas is (their youngest / the youngest their) son.

Lucas는 그들의 가장 어린 아들이다.

11. This is (the fastest my / my fastest) car.

이것은 나의 가장 빠른 자동차이다.

12. It is (her latest / latest her) painting.

그것은 그녀의 가장 최근 그림이다.

13. Who is (most your favourite / your most favourite) singer?

네가 가장 좋아하는 가수는 누구니?

Build Up

A 다음 중, 알맞은 말을 골라 빈칸에 쓰세요.

1. best my / my best → Tracy and Sandra are _____ friends.
   Tracy와 Sandra는 나의 가장 친한 친구이다.

2. the their worst / their worst → What was _____ game last month?
   지난달 그들의 최악의 경기가 무엇이었니?

3. oldest their / their oldest → Austin is _____ son.
   Austin은 그들의 가장 큰 아들이다.

4. her most / most her → This is _____ interesting story.
   이것은 그녀의 가장 흥미로운 이야기이다.

5. the shortest your / your shortest → Is this _____ scarf?
   이것이 너의 가장 짧은 스카프니?

6. best the his / his best → It is _____ music.
   그것은 그의 최고의 음악이다.

7. our closest / our most close → Max is _____ uncle.
   Max는 우리의 가장 가까운 삼촌이다.

8. his latest / his the latest → Is this _____ news?
   이것이 그의 가장 최근 소식이니?

9. their most delicious / most their delicious → These are _____ cookies.
   이것들은 그들의 가장 맛있는 쿠키이다.

10. my most expensive the / my most expensive → That was _____ smartphone.
    그것은 나의 가장 비싼 스마트폰이었다.

정답 및 해설 p. 11

B 주어진 말과 소유격을 사용해 최상급 문장을 완성하세요.

- • big → That was ___their biggest___ show of the year.
  그것은 그들의 한 해 가장 큰 쇼였다.

---

1. late → This is _____ song.
   이것은 우리의 가장 최근 노래이다.

2. wonderful → Was that _____ match?
   그것은 그들의 가장 멋진 시합이었니?

3. close → Eddie is _____ friend.
   Eddie는 그의 가장 가까운 친구이다.

4. cute → This is _____ doll.
   이것은 나의 가장 귀여운 인형이다.

5. popular → Is this _____ book?
   이것이 그의 가장 인기 있는 책이니?

6. young → Emily is _____ daughter.
   Emily는 그들의 가장 어린 딸이다.

7. important → That was _____ exam.
   그것은 우리의 가장 중요한 시험이었다.

8. new → It is _____ novel.
   그것은 그녀의 가장 새로운 소설이다.

9. exciting → That was _____ story.
   그것은 너의 가장 흥미진진한 이야기였다.

10. colorful → This is _____ picture in the gallery.
    이것은 미술관에서 나의 가장 알록달록한 그림이다.

DAY 16

Review Test

[1-2] 주어진 단어의 최상급을 쓰세요.

1 thin: the _____

2 little: the _____

[3-5] 괄호 안에서 알맞은 말을 고르세요.

3
> The man is the (wisest / most wise) in his family.

4
> James is the (most famoust / most famous) actor.

5
> This is the (warmest / most warm) room in the house.

6 밑줄 친 부분을 최상급으로 바꾸어 쓰세요.

> This is <u>an old</u> watch in the museum.

→ This is _____ _____ watch in the museum.

7 다음 밑줄 친 부분을 바르게 고쳐 쓰세요.

> It is <u>the most sweet</u> juice in the refrigerator.

→ _____

8 다음 중, 잘못된 문장을 고르세요.

① Mike has the most books of all.
② Alice studies English the hardest.
③ He talks the loudliest in his class.
④ It is the worst food of the restaurant.

9 다음 빈칸에 들어갈 수 <u>없는</u> 말을 고르세요.

> This is the _____ movie of all.

① most popular   ② newest
③ most sad   ④ best

10 빈칸에 알맞은 말이 순서대로 짝지어진 것을 고르세요.

> • He is _____ kindest teacher of all.
> • She is the _____ tennis player in the world.

① a – best   ② the – best
③ a – better   ④ the – better

11 다음 빈칸에 공통으로 들어갈 단어를 쓰세요.

> • I like grapes the _____ .
> • He is the _____ popular dancer.

12 밑줄 친 부분이 잘못된 문장을 고르세요.

① He is my closest friend.

② Is that their latest news?

③ It's our most expensive guitar.

④ What was your the biggest mistake?

[13-15] 우리말 뜻과 같도록 괄호 안의 말을 사용해 문장을 완성하세요.

13 너의 가장 오래된 신발은 무엇이니? (old)

→ What are _____ shoes?

14 그것은 그들의 가장 흥미진진한 시합이었다. (exciting)

→ That was _____ match.

15 그녀의 가장 재미있는 책은 무엇이니? (funny)

→ What is _____ book?

[16-18] 괄호 안의 말을 바르게 배열해 문장을 완성하세요.

16 (his / is / son / youngest)

→ Tommy _____.

17 (delicious / their / cake / most)

→ It is _____.

18 (latest / her / is / letter)

→ What _____?

중학교 시험에는 이렇게!

| 서울 ○○중 응용 |

19 빈칸에 알맞은 말을 괄호 안에서 고르세요.

I have three cousins. Mike is 11 years old. Jane is older than Mike. Eric is younger than Mike. So among my cousins, _____.

→ (Mike is the oldest / Eric is the youngest).

| 경북 ○○중 응용 |

20 어법상 틀린 문장을 두 개 고르세요.

① What is Jonathan's best novel?

② That's my most important watch.

③ Who is your the closest friend?

④ He can run fastest in the world.

⑤ It's the most high mountain in the world.

Word Review

다음은 **Chapter 5**에 사용된 주요 단어입니다.
소리 내어 읽으면서 써보세요.

단어	뜻	쓰기	단어	뜻	쓰기
1 famous	유명한		14 brave	용감한	
2 quickly	빠르게, 빨리		15 gallery	미술관	
3 violinist	바이올린 연주자		16 thin	얇은	
4 actress	여자 배우		17 actor	남자 배우	
5 country	나라		18 sweet	달콤한, 단	
6 wise	현명한		19 refrigerator	냉장고	
7 map	지도		20 loudly	시끄럽게, 크게	
8 village	마을		21 restaurant	식당, 음식점	
9 great	훌륭한		22 cousin	사촌	
10 picture	사진, 그림		23 among	~ 중에서	
11 meeting	회의		24 high	높은	
12 exciting	흥미진진한		25 mountain	산	
13 close	가까운				

☆ **Word Review**에서 학습한 25개 단어는 워크북 45쪽에서 테스트해 볼 수 있습니다.

6

접속사

1. 접속사

접속사는 말과 말을 서로 연결합니다. 접속사는 단어와 단어, 구와 구, 문장과 문장을 연결합니다.

단어/구/문장 **and** 단어/구/문장

- I feel <u>sad</u> **and** <u>angry</u>. 나는 슬프고 화가 난다.
- Do you see <u>the trees</u> **and** <u>the flowers?</u> 저 나무들과 꽃들이 보이니?
- <u>She drinks tea</u> **and** <u>he drinks coffee.</u> 그녀는 차를 마시고 그는 커피를 마신다.
  ◐ and가 문장과 문장을 연결합니다.

구는 둘 이상의 단어가 모인 말 덩어리입니다.

- I have **a few apples** and **some water.** 나는 사과 몇 개와 물이 좀 있다.
  ◐ a + few + apples가 하나의 구이고, some + water가 또 다른 구입니다.

문장은 「주어 + 동사」로 이루어진 말입니다.

- Chris is in the living room and Vicky is in the kitchen.
  Chris는 거실에 있고, Vicky는 주방에 있다.
  ◐ 'Chris + is ~'라는 하나의 문장과 'Vicky + is ~'라는 또 다른 문장이 합쳐졌습니다.

Quiz

정답 및 해설 p. 12

접속사에 동그라미 하고, 접속사가 연결하는 말에 밑줄 치세요.

1. My grandmother loves roses and sunflowers.
나의 할머니는 장미와 해바라기를 정말 좋아하신다.

2. He is a cook and she is a designer.
그는 요리사이고, 그녀는 디자이너이다.

3. She needs some paper and a pen.
그녀는 종이 약간과 펜이 필요하다.

4. Jake has blue eyes and brown hair.
Jake는 눈이 파랗고 머리가 갈색이다.

5. My sister can speak Spanish and Chinese.
나의 누나는 스페인어와 중국어를 할 수 있다.

2. and, but, or, because

대표적인 접속사 and, but, or, because를 알아봅시다.

and	~와/~과, 그리고	· We learn English, math, **and** science. 우리는 영어, 수학, 그리고 과학을 배운다. ❍ 셋 이상을 and로 연결할 때는 콤마(,)를 쓰다가, 마지막 말 앞에만 and를 씁니다.
but	그러나, 하지만	· This bag is large **but** light. 이 가방은 크지만 가볍다. · He likes fruit, **but** he doesn't like meat. 그는 과일을 좋아하지만 그는 고기를 좋아하지 않는다. ❍ but은 반대되는 내용을 연결합니다.
or	또는, 혹은, 아니면	· I eat bread **or** sandwiches for breakfast. 나는 아침 식사로 빵 또는 샌드위치를 먹는다. · She reads books **or** plays the piano on Sundays. 그녀는 일요일에 책을 읽거나 피아노를 연주한다. ❍ or는 '~ 또는'이라는 의미로 선택 사항을 나타냅니다.
because	~하기 때문에, ~이니까	· They were thirsty **because** it was too hot. 그들은 목이 말랐는데, 너무 더웠기 때문이다. ❍ because 바로 뒤에 오는 문장이 이유, 원인입니다.

and, but, or 뒤에는 단어/구/문장이 모두 올 수 있지만, because 뒤에는 무조건 문장만 옵니다.
→ They were thirsty **because** <u>too hot</u>. (×)

Quiz

정답 및 해설 p. 12

우리말 뜻과 같도록 괄호 안에서 알맞은 말에 동그라미 하세요.

1. Sandra (and / but) I are good friends. Sandra와 나는 좋은 친구이다.

2. Dean closed the window (or / because) it was so cold.
   Dean은 창문을 닫았는데, 너무 추웠기 때문이다.

3. Penguins can swim (because / but) they cannot fly.
   펭귄은 수영할 수 있지만 날 수는 없다.

4. It was rainy yesterday, (but / because) it's sunny today.
   어제 날씨는 비가 왔지만 오늘 날씨는 맑다.

5. You can choose cake (because / or) ice cream.
   케이크 또는 아이스크림을 선택할 수 있습니다.

Build Up

A 다음 중 알맞은 말을 골라 빈칸에 쓰세요.

1. **or / and** → He likes bananas, grapes, _____ pears.
   그는 바나나, 포도, 그리고 배를 좋아한다.

2. **and / but** → My aunt is not a teacher _____ a nurse.
   나의 이모는 선생님이 아니라 간호사이다.

3. **or / and** → They will arrive here on Tuesday _____ on Wednesday.
   그들은 여기에 화요일 또는 수요일에 도착할 것이다.

4. **but / because** → Anne missed the bus _____ she got up late.
   Anne은 버스를 놓쳤는데, 그녀가 늦게 일어났기 때문이다.

5. **or / but** → The movie is not popular _____ interesting.
   그 영화는 인기 있지 않지만 재미있다.

6. **or / but** → They usually go to work by bus _____ by subway.
   그들은 보통 직장에 버스로 또는 지하철로 간다.

7. **or / and** → Peter _____ George went to Canada.
   Peter와 George는 캐나다에 갔다.

8. **because / or** → We will go to the park _____ to the beach tomorrow.
   우리는 내일 공원 또는 해변에 갈 것이다.

9. **but / because** → Cindy and her friends enjoyed a picnic _____ it was a holiday.
   Cindy와 친구들은 소풍을 즐겼는데, 휴일이었기 때문이다.

10. **and / but** → Did you play soccer with Theo _____ Olivia?
    너는 Theo와 Olivia와 함께 축구했니?

11. **but / because** → My brother is not tall _____ he is so fast.
    나의 형은 키가 크지 않지만 그는 매우 빠르다.

12. **or / and** → I will be an artist _____ a pilot.
    나는 예술가 또는 조종사가 될 것이다.

B 다음 우리말 뜻과 같도록 밑줄 친 부분을 바르게 고쳐 쓰세요.

1. He cooked dinner <u>but</u> did the dishes.   → _____
   그는 저녁을 요리하고 설거지했다.

2. Jenny is going to see a doctor <u>or</u> she has a cold.   → _____
   Jenny는 병원에 갈 예정인데, 그녀가 감기에 걸렸기 때문이다.

3. Bill <u>but</u> Sophia are making cake for their mother.   → _____
   Bill과 Sophia는 그들의 어머니께 케이크를 만들어 드리고 있다.

4. I can't read the book <u>or</u> I don't speak Japanese.   → _____
   나는 그 책을 읽을 수 없는데, 내가 일본어를 하지 못하기 때문이다.

5. We can have rice <u>because</u> noodles here.   → _____
   우리는 여기서 밥 또는 국수를 먹을 수 있다.

6. Richard's car is very old <u>because</u> so nice   → _____
   Richard의 자동차는 매우 낡았지만 매우 멋지다.

7. Alice has big eyes <u>or</u> long hair.   → _____
   Alice는 눈이 크고 머리가 길다.

8. Robert fell down <u>but</u> he was not careful.   → _____
   Robert는 넘어졌는데, 그가 조심하지 않았기 때문이었다.

9. Jamie goes to bed late <u>or</u> gets up early.   → _____
   Jamie는 늦게 잠자리에 들지만 그녀는 일찍 일어난다.

10. I'm full now <u>or</u> I ate two slices of pizza.   → _____
    나는 지금 배가 부른데, 내가 피자 두 조각을 먹었기 때문이다.

11. They need flour, sugar, <u>because</u> eggs.   → _____
    그들은 밀가루, 설탕, 그리고 달걀이 필요하다.

12. Sarah is healthy <u>or</u> she enjoys swimming regularly.   → _____
    Sarah는 건강한데, 그녀가 규칙적으로 수영을 즐기기 때문이다.

3. 명령문 + and/or

명령문은 '~해라/~하세요'라는 의미로 상대방에게 지시하는 문장입니다. 명령문은 주어 없이 동사원형으로 시작합니다.

- **Be** careful. 조심해라.　　　　・**Open** the door, please. 문을 열어주세요.
  ◐ 명령문의 주어는 You인데, You를 생략하고 동사원형으로 시작합니다.
  ◐ 조금 더 정중히 요청할 때는 Please/please를 붙입니다.

명령문 + 콤마(,) + and 뒤에 문장을 쓰면 '~해라, 그러면 …할 것이다'입니다.

명령문, and ~

- Drink more water, **and** you'll be healthier.
  물을 더 마셔라, 그러면 더 건강해질 것이다.

- Put on your coat, **and** you won't catch a cold.
  코트를 입어라, 그러면 감기에 걸리지 않을 것이다.

명령문 + 콤마(,) + or 뒤에 다음 문장을 쓰면 '~해라, 그러지 않으면 …할 것이다'입니다.

명령문, or ~

- Please be quiet, **or** the baby will wake up.
  조용히 해주세요, 그러지 않으면 아기가 깰 거예요.

- Hurry up, **or** you'll miss the bus. 서둘러라, 그러지 않으면 버스를 놓칠 것이다.

뒤에 오는 문장에는 주로 will/won't, can/can't를 씁니다. '~일/~할 것이다' 또는 '~하지 않을/~할 수 없을 것이다'라는 내용이 들어가기 때문입니다.

정답 및 해설 p. 12

우리말 뜻과 같도록 and 또는 or에 동그라미 하세요.

1. Be careful, (and / or) you'll be hurt.
조심해라, 그러지 않으면 다칠 것이다.

2. Turn right, (and / or) you'll find the bank.
오른쪽으로 돌아라, 그러면 은행을 발견할 것이다.

3. Brush your teeth, (and / or) you'll have bad breath.

이를 닦아라, 그러지 않으면 입 냄새가 날 것이다.

4. Ride a bike, (and / or) you can go faster to the park.

자전거를 타라, 그러면 공원에 더 빨리 갈 수 있다.

5. Close the window, (and / or) it'll be warmer.

창문을 닫아라, 그러면 더 따뜻할 것이다.

6. Drink some hot water, (and / or) you'll feel better.

뜨거운 물을 좀 마셔라, 그러면 기분이 더 나아질 것이다.

7. Please be quiet, (and / or) we cannot hear his voice.

조용히 해주세요, 그러지 않으면 우리는 그의 목소리를 들을 수 없습니다.

8. Go straight, (and / or) you'll find the department store.

직진해라, 그러면 백화점을 발견할 것이다.

9. Eat some food, (and / or) you'll be hungry.

음식을 좀 먹어라, 그러지 않으면 배가 고플 것이다.

10. Put on your sweater, (and / or) you'll feel warm.

스웨터를 입어라, 그러면 따뜻할 것이다.

11. See a doctor, (and / or) you'll be worse.

병원에 가봐라, 그러지 않으면 더 나빠질 것이다.

12. Be careful, (and / or) you'll drop the cup.

조심해라, 그러지 않으면 컵을 떨어뜨릴 것이다.

13. Take a walk regularly, (and / or) you'll be healthier.

규칙적으로 산책해라, 그러면 더 건강해질 것이다.

Build Up

A 우리말 뜻과 같도록 빈칸에 **and** 또는 **or**를 쓰세요.

1. Be careful, _____ you'll fall down.
조심해라, 그러지 않으면 넘어질 것이다.

2. Study hard, _____ you'll get a good grade.
열심히 공부해라, 그러면 좋은 성적을 얻을 것이다.

3. Go there now, _____ you won't meet Jimmy.
지금 거기 가라, 그러지 않으면 Jimmy를 만나지 못할 것이다.

4. Take this map, _____ you'll get lost.
이 지도를 가져가라, 그러지 않으면 길을 잃을 것이다.

5. Leave now, _____ you can catch the train.
지금 출발해라, 그러면 기차를 탈 수 있다.

6. Enjoy jogging every day, _____ you'll feel better.
매일 조깅을 즐겨라, 그러면 기분이 더 나아질 것이다.

7. Practice hard, _____ you'll play the piano well.
열심히 연습해라, 그러면 피아노를 잘 연주할 것이다.

8. Drink some water, _____ you'll be thirsty.
물을 좀 마셔라, 그러지 않으면 목이 마를 것이다.

9. Turn left, _____ you'll see the post office.
왼쪽으로 돌아라, 그러면 우체국이 보일 것이다.

10. Read a lot, _____ you'll be smarter.
많이 읽어라, 그러면 더 똑똑해질 것이다.

11. Push the door, _____ you can open it.
문을 밀어라, 그러면 그것을 열 수 있을 것이다.

12. Listen to your teacher, _____ you can't solve the problem.
선생님 말씀을 잘 들어라, 그러지 않으면 그 문제를 풀 수 없을 것이다.

B 알맞은 동사를 골라 문장을 완성하세요. (반드시 and 또는 or를 사용할 것)

> listen   get   eat   wash   turn   hurry

1. _____ slowly, _____ you'll have a stomachache.
   천천히 먹어라, 그러지 않으면 배탈이 날 것이다.

2. _____ to this music, _____ you'll be happy. 이 음악을 들어라, 그러면 행복해질 것이다.

3. _____ up, _____ you won't see them. 서둘러라, 그러지 않으면 그들을 볼 수 없을 것이다.

4. _____ on the light, _____ it'll be brighter. 불을 켜라, 그러면 더 밝아질 것이다.

5. _____ up now, _____ you'll be late for school.
   지금 일어나라, 그러지 않으면 학교에 늦을 것이다.

6. _____ your hands with soap, _____ you can catch a cold.
   비누로 손을 씻어라, 그러지 않으면 감기에 걸릴 수 있다.

C 괄호 안의 말을 바르게 배열해 문장을 완성하세요. (반드시 콤마를 추가할 것)

1. (the window / or / be / noisy / close / it'll)
   → _____.
   창문을 닫아라, 그러지 않으면 시끄러울 것이다.

2. (and / meet / go / you'll / them / to the river)
   → _____.
   강으로 가라, 그러면 그들을 만날 것이다.

3. (you'll / careful / or / drop / be / the glass)
   → _____ on the floor.
   조심해라, 그러지 않으면 유리잔을 바닥에 떨어뜨릴 것이다.

4. (to everyone / and / nice / will / they / you / be / like)
   → _____.
   모두에게 잘 대해라, 그러면 그들이 너를 좋아할 것이다.

5. (arrive / or / the subway / you / take / there / won't)
   → _____ in time.
   지하철을 타라, 그러지 않으면 거기에 제시간에 도착하지 못할 것이다.

Review Test

[1-2] 다음 빈칸에 알맞은 말을 고르세요.

1
It's small (or / but) expensive.
그것은 작지만 비싸다.

2
I can't meet Jimmy (and / because) I'm very busy today.
나는 오늘 Jimmy를 만날 수 없는데, 내가 오늘 매우 바쁘기 때문이다.

[3-5] 우리말에 맞도록 빈칸에 알맞은 말을 쓰세요.

3
You can choose red _____ blue.
너는 빨강 또는 파랑을 선택할 수 있다.

4
Be careful, _____ you'll break it.
조심해라, 그러지 않으면 그것을 깨뜨릴 것이다.

5
I like summer _____ I can swim in the sea.
나는 여름을 좋아하는데, 바다에서 수영할 수 있기 때문이다.

6 다음 중, 내용이 <u>어색한</u> 문장을 고르세요.

① The movie is sad but I like it.
② Do you like coffee or green tea?
③ Wendy and I learn Chinese.
④ He got up late because he was late for school.

7 밑줄 친 부분을 바르게 고쳐 문장을 다시 쓰세요.

Be careful, <u>and</u> you'll fall down.

→ _____

8 괄호 안의 말을 바르게 배열해 빈칸에 쓰세요.

(wears / cold / because / it's / his coat)

→ Chris _____ outside.

[9-10] 빈칸에 공통으로 들어갈 말을 쓰세요.

9
• I like pizza, cookies, _____ ice cream.
• Go straight, _____ you'll see it.

10
• Hurry up, _____ you won't take the bus.
• Do you buy apples _____ pears?

[11-12] 우리말 뜻과 같도록 밑줄 친 단어를 고쳐 쓰세요

11
This house is old <u>because</u> nice.
이 집은 낡았지만 멋지다.

→ _____

12
Open the door, <u>or</u> you can get fresh air.
문을 열어라, 그러면 신선한 공기를 쐴 것이다.

→ _____

13 다음 밑줄 친 ①~④ 중, 잘못된 것을 고르세요.

> ① Be ② nice to your friends, ③ or they will ④ like you.

[14-15] 다음 우리말 뜻과 같도록 괄호 안에서 알맞은 말을 고르세요.

14
> Andy는 숙제를 하거나 책을 읽을 것이다.

→ Andy will do his homework (but / or) read a book.

15
> 나는 늦었는데, 버스를 놓쳤기 때문이었다.

→ I was late (or / because) I missed the bus.

16 우리말 뜻과 같도록 괄호 안의 말과 접속사를 사용해 문장을 완성하세요.

> 채소를 많이 먹어라, 그러면 더 건강해질 것이다. (eat)

→ _____ more vegetables, _____ you'll be healthier.

[17-18] 괄호 안의 말을 바르게 배열해 문장을 완성하세요.

17
> (can't fly / they / but / penguins / can swim)
> 펭귄은 수영할 수 있지만, 그들은 날 수 없다.

→ _____.

18
> (closed / cold / the window / she / it / because / was)
> 그녀는 창문을 닫았는데, 추웠기 때문이었다.

→ _____.

중학교 시험에는 이렇게!

| 경기 ○○중 응용 |

[19-20] 어색한 문장 두 개를 골라 기호를 쓰고, 단어를 고쳐 쓰세요.

19 (a) Try harder, and you'll lose.
(b) Press here, and you can open it.
(c) Put on the raincoat, and you'll get wet.
(d) We need eggs, sugar, and butter.

> (1) [   ]: _____ → _____
> (2) [   ]: _____ → _____

20 (a) Read this, or it'll be helpful.
(b) Come closer, and you can hear the music.
(c) Take a nap, and you'll feel better.
(d) Listen carefully, and you won't remember it.

> (1) [   ]: _____ → _____
> (2) [   ]: _____ → _____

Word Review

다음은 **Chapter 6**에 사용된 주요 단어입니다.
소리 내어 읽으면서 써보세요.

단어	뜻	쓰기		단어	뜻	쓰기
1 sunflower	해바라기		14 voice	목소리	
2 designer	디자이너		15 stomachache	배탈, 복통	
3 thirsty	목마른		16 soap	비누	
4 pear	(서양) 배		17 noisy	시끄러운	
5 artist	예술가		18 drop	떨어트리다	
6 pilot	조종사, 파일럿		19 fresh	신선한, 상쾌한	
7 full	배가 부른		20 air	공기	
8 slice	(얇은) 조각		21 hurry	서두르다	
9 regularly	규칙적으로		22 lose	지다, 잃다	
10 miss	놓치다		23 press	누르다	
11 hurt	다친, 아픈		24 raincoat	비옷	
12 right	오른쪽		25 helpful	도움 되는	
13 straight	똑바로, 곧게				

☆ **Word Review**에서 학습한 25개 단어는 워크북 54쪽에서 테스트해 볼 수 있습니다.

7

부가의문문

1. be동사 부가의문문

부가의문문은 문장을 말한 후, '그렇지 않니/그렇지?'하고 묻는 것입니다. 부가의문문은 '문장의 동사와 같은 종류의 동사 + 주어(대명사)'를 덧붙이는 형태입니다. 즉, 앞에 be동사를 썼으면, 부가의문문에도 be동사를 씁니다. 그런데 앞이 긍정이면 반대로 뒤는 부정, 앞이 부정이면 뒤는 긍정입니다. ◐ 동사의 시제도 같습니다.

문장 + 부가의문문
• <u>You are</u> a student, **aren't you**? 너는 학생이야, 그렇지 않니?
◐ 앞이 are이니까 뒤는 aren't이고, 주어와 같은 you를 썼어요.
• <u>Ms. Jones is not</u> a teacher, **is she**? Jones 씨는 선생님이 아니야, 그렇지?
◐ 앞이 is not이니까 뒤는 is이고, 주어 Ms. Jones를 대명사 she로 바꿔 썼어요.

◐ 시제는 같게, 긍정/부정은 반대예요!

부가의문문	대답
• They were so kind, weren't they? 그들은 매우 친절했어, 그렇지 않니?	• **Yes**, they **were**. 응, 그래. • **No**, they **weren't**. 아니, 그렇지 않아.
• He isn't from America, is he? 그는 미국 출신이 아니야, 그렇지?	• **Yes**, he **is**. 아니, 그래. • **No**, he **isn't**. 응, 그렇지 않아.

◐ 대답할 때 Yes/No를 헷갈리지 말고, 내용이 긍정이면 Yes로, 부정이면 No로 답하면 됩니다. 단, 앞 문장이 부정일 때는 Yes는 '아니'로, No는 '응'으로 반대로 해석합니다.

정답 및 해설 p. 14

괄호 안에서 알맞은 말에 동그라미 하세요.

1. **This is your notebook, (is / isn't) it?** 이것은 너의 공책이야, 그렇지 않니?

2. **The cookies were delicious, (aren't / weren't) they?** 그 쿠키들은 맛있었어, 그렇지 않니?

3. **You are twelve years old, (are / aren't) you?** 너는 12살이야, 그렇지 않니?

4. **He's not angry, (is / isn't) he?** 그는 화나지 않았어, 그렇지?

5. **We're not ready for a picnic, (are we / are they)?** 우리는 소풍 갈 준비가 되지 않았어, 그렇지?

2. 일반동사 부가의문문

문장에 일반동사를 썼으면, 부가의문문에는 do/does/did를 씁니다. 이때도 마찬가지로, 앞이 긍정이면 반대로 뒤는 부정, 앞이 부정이면 뒤는 긍정입니다. ◐ 동사의 시제도 역시 같습니다.

문장 + 부가의문문
· He likes spring, **doesn't he?** 그는 봄을 좋아해, 그렇지 않니? 　　　　　◐ 앞이 likes이니까 뒤는 doesn't이고, 주어와 같은 he를 썼어요. · The children didn't eat pizza, **did they?** 그들은 피자를 먹지 않았어, 그렇지? 　　　　　◐ 앞이 didn't eat이니까 뒤는 did이고, 주어 The children을 대명사 they로 바꿔 썼어요.

◐ 시제는 같게, 긍정/부정은 반대예요!

부가의문문	대답
· You know him, don't you? 너는 그를 알아, 그렇지 않니?	· **Yes**, I **do.** 응, 그래. · **No**, I **don't.** 아니, 그렇지 않아.
· She doesn't teach math, does she? 그녀는 수학을 가르치지 않아, 그렇지?	· **Yes**, she **does.** 아니, 그래. · **No**, she **doesn't.** 응, 그렇지 않아.

정답 및 해설 p. 14

Quiz

괄호 안에서 알맞은 말에 동그라미 하세요.

1. They always go to bed early, (do / don't) they?
   그들은 항상 일찍 잠자리에 들어, 그렇지 않니?

2. Paul doesn't like pears, (does / doesn't) he?
   Paul은 배를 좋아하지 않아, 그렇지?

3. She called her parents yesterday, (didn't she / didn't they)?
   그녀는 어제 부모님께 전화했어, 그렇지 않니?

4. We don't need any flour, (do we / does it)?
   우리는 밀가루가 전혀 필요 없어, 그렇지?

5. He didn't take math class, (did / didn't) he?
   그는 수학 수업을 듣지 않았어, 그렇지?

6. Betty bought a new backpack, (doesn't / didn't) she?
   Betty는 새 배낭을 샀어, 그렇지 않니?

Build Up

A 다음 중, 알맞은 말을 골라 빈칸에 쓰세요.

1. **is / isn't** → Mr. Smith is not a dentist, _____ he?

   Smith 씨는 치과의사가 아니야, 그렇지?

2. **did / didn't** → Your mom washed her car this morning, _____ she?

   너희 어머니는 오늘 아침에 세차를 하셨어, 그렇지 않니?

3. **are / aren't** → Emma and Judy are good students, _____ they?

   Emma와 Judy는 좋은 학생이야, 그렇지 않니?

4. **do / don't** → You play the guitar well, _____ you?

   너는 기타를 잘 쳐, 그렇지 않니?

5. **was / wasn't** → She wasn't angry last night, _____ she?

   그녀는 어젯밤에 화가 나지 않았어, 그렇지?

6. **does / did** → Joe doesn't enjoy sports, _____ he?

   Joe는 운동을 즐기지 않아, 그렇지?

B 대화의 빈칸에 알맞은 대답을 쓰세요.

1. **A:** Jenny is from Canada, isn't she?

   Jenny는 캐나다 출신이야, 그렇지 않니?

   B: Yes, she _____ .

   응, 그래.

2. **A:** Thomas plays baseball well, doesn't he?

   Thomas는 야구를 잘해, 그렇지 않니?

   B: No, he _____ .

   아니, 그렇지 않아.

3. **A:** It wasn't cold yesterday, was it?

   어제 안 추웠어, 그렇지?

   B: No, it _____ .

   응, 그렇지 않아.

4. **A:** You usually walk to school, don't you?

   너는 주로 학교에 걸어가, 그렇지 않니?

   B: Yes, I _____ .

   응, 그래.

5. **A:** Eva and Pat went to the library, didn't they?

   Eva와 Pat은 도서관에 갔어, 그렇지 않니?

   B: No, they _____ .

   아니, 그렇지 않아.

6. **A:** The dogs are not hungry, are they?

   개들이 배가 고프지 않아, 그렇지?

   B: Yes, they _____ .

   아니, 그래.

C 다음 빈칸에 알맞은 부가의문문을 쓰세요.

1. Your brother likes winter, _____ _____?
    너의 형은 겨울을 좋아해, 그렇지 않니?

2. These shoes are big for you, _____ _____?
    이 신발은 너에게 커, 그렇지 않니?

3. It didn't rain a lot last night, _____ _____?
    어젯밤에 비가 많이 오지 않았어, 그렇지?

4. You were not so healthy last year, _____ _____?
    너는 작년에 그렇게 건강하지 않았어, 그렇지?

5. Your grandmother doesn't drink coffee, _____ _____?
    너희 할머니는 커피를 드시지 않아, 그렇지?

6. The cup is expensive, _____ _____?
    그 컵은 비싸, 그렇지 않니?

7. Those students enjoy mobile games after school, _____ _____?
    저 학생들은 방과 후 모바일 게임을 즐겨, 그렇지 않니?

8. You and Lucy ate sandwiches for lunch, _____ _____?
    너와 Lucy는 점심으로 샌드위치를 먹었어, 그렇지 않니?

9. The movie was not scary, _____ _____?
    그 영화는 무섭지 않았어, 그렇지?

10. You didn't go to bed early last night, _____ _____?
    너는 어젯밤에 일찍 잠자리에 들지 않았어, 그렇지?

11. Tiffany's sister has short hair, _____ _____?
    Tiffany의 언니는 머리가 짧아, 그렇지 않니?

12. They weren't so tired, _____ _____?
    그들은 그렇게 피곤하지 않았어, 그렇지?

3. 조동사 부가의문문

문장에 조동사를 썼으면, 부가의문문에도 같은 조동사를 씁니다. 긍정/부정은 서로 반대가 되어야 하므로 앞 문장이 can이면, 뒤는 can't, 앞 문장이 will이면 뒤는 won't입니다.

문장 + 부가의문문

- **Tom can speak English, can't he?** Tom은 영어를 말할 수 있어, 그렇지 않니?
  ▶ 앞이 can이니까 뒤는 can't이고, 주어 Tom을 대명사 he로 바꿔 썼어요.
- **You won't come to the party, will you?** 너는 파티에 오지 않을 거야, 그렇지?
  ▶ 앞이 won't(= will not)니까 뒤는 will이고, 주어와 같은 you를 썼어요.

부가의문문	대답
You can't read maps, can you? 너는 지도를 볼 줄 몰라, 그렇지?	• **Yes, I can.** 아니, 읽을 수 있어. • **No, I can't.** 응, 읽을 수 없어.
Eva will be late, won't she? Eva는 늦을 거야, 그렇지 않니?	• **Yes,** she **will.** 응, 늦을 거야. • **No,** she **won't.** 아니, 늦지 않을 거야.

정답 및 해설 p. 14

괄호 안에서 알맞은 말에 동그라미 하세요.

1. You can ride a bike, (can / can't) you?
   너는 자전거를 탈 수 있어, 그렇지 않니?

2. She won't take the train, (will / won't) she?
   그녀는 그 기차를 타지 않을 거야, 그렇지?

3. They will make some soup, (don't / won't) they?
   그들은 수프를 좀 만들 거야, 그렇지 않니?

4. He can't call me now, (will / can) he?
   그는 지금 나에게 전화할 수 없어, 그렇지?

5. Your friends won't be here today, (will you / will they)?
   너의 친구들은 오늘 여기 없을 거야, 그렇지?

4. 명령문과 청유문의 부가의문문

명령문의 부가의문문은 앞이 긍정이든 부정이든, 항상 'will you?'입니다. '~해라, 알았지?' 또는 '~하지 마라, 알았지?'라는 뜻입니다.

문장 + 부가의문문	대답
• Close the window, **will you?** 창문을 닫아라, 알았지?	• **Yes, I[we] will.** 응, 그럴 거야. • **No, I[we] won't.** 아니, 안 그럴 거야.
• Don't run here, **will you?** 여기에서 뛰지 마라, 알았지?	• **Yes, I[we] will.** 아니, 그럴 거야. • **No, I[we] won't.** 응, 안 그럴 거야.

청유문은 'Let's ~' 또는 'Let's not ~'하면서 뭔가를 제안하는 문장입니다. 청유문의 부가의문문은 앞이 긍정이든 부정이든 항상 'shall we?'입니다. '~하자, 그럴래?' 또는 '~하지 말자, 그럴래?'라는 뜻입니다.

문장 + 부가의문문	대답
• Let's have some tea, **shall we?** 차를 좀 마시자, 그럴래?	• **Okay[OK], let's.** 좋아, 그러자. • **No, let's not.** 아니, 그러지 말자.
• Let's not watch TV, **shall we?** TV를 보지 말자, 그럴래?	• **Okay[OK], let's.** 아니, 그러자. • **No, let's not.** 응, 그러지 말자.

◑ 대답은 let's 또는 let's not으로 합니다.

정답 및 해설 p. 14

괄호 안에서 알맞은 말에 동그라미 하세요.

1. Let's play outside, (will you / shall we)? 밖에서 놀자, 그럴래?

2. Be careful, (are / will) you? 조심해라, 알았지?

3. Let's not drink coffee, (shall / do) we? 커피를 마시지 말자, 그럴래?

4. Don't open the door, (shall / will) you? 문을 열지 마라, 알았지?

5. Wash your hands, (will you / will they)? 손을 씻어라, 알았지?

Build Up

A 다음 중, 알맞은 말을 골라 빈칸에 쓰세요.

1. can / can't → She can't fix the broken fence, _____ she?
그녀는 그 고장 난 울타리를 고칠 수 없어, 그렇지?

2. will / won't → Matthew will come home late, _____ he?
Matthew는 집에 늦게 올 거야, 그렇지 않니?

3. shall / will → Let's not make noise here, _____ we?
여기서 시끄럽게 하지 말자, 알았지?

4. won't / can't → Your daughter can play the cello, _____ she?
당신의 딸은 첼로를 칠 수 있어요, 그렇지 않나요?

5. can / will → Don't be late again, _____ you?
또 다시 늦지 마라, 알았지?

6. will / do → Fiona and Oliver won't take the bus, _____ they?
Fiona와 Oliver는 그 버스를 타지 않을 거야, 그렇지?

B 우리말 뜻과 같도록 대화의 빈칸에 알맞은 대답을 쓰세요.

1. A: You can swim in the sea, can't you?
너는 바다에서 수영할 수 있어, 그렇지 않니?
B: Yes, I _____.
응, 할 수 있어.

2. A: Don't touch the glass, will you?
유리를 만지지 마라, 알았지?
B: No, I _____.
응, 안 그럴 거야.

3. A: Let's have some tea, shall we?
차를 좀 마시자, 그럴래?
B: Okay, _____.
좋아, 그러자.

4. A: He won't have dinner at home, will he?
그는 집에서 저녁 식사를 하지 않을 거야, 그렇지?
B: No, he _____.
응, 하지 않을 거야.

5. A: They can't arrive in time, can they?
그들은 제시간에 도착할 수 없어, 그렇지?
B: Yes, they _____.
아니, 할 수 있어.

6. A: Brush your teeth, will you?
이를 닦아라, 알았지?
B: Yes, I _____.
응, 그럴 거야.

C 다음 빈칸에 알맞은 부가의문문을 쓰세요.

1. Penguins can't fly, _____ _____?
   펭귄은 날 수 없어, 그렇지?

2. Press the green button, _____ _____?
   초록색 버튼을 눌러라, 알았지?

3. Let's not eat out today, _____ _____?
   오늘 외식하지 말자, 그럴래?

4. They won't borrow the books, _____ _____?
   그들은 그 책들을 빌리지 않을 거야, 그렇지?

5. Don't jump into the pool, _____ _____?
   수영장으로 뛰어들지 마라, 알았지?

6. You and Jake will meet this Saturday, _____ _____?
   너와 Jake는 이번 토요일에 만날 거야, 그렇지 않니?

7. Your sister can read French, _____ _____?
   너의 언니는 프랑스어를 읽을 수 있어, 그렇지 않니?

8. Let's take a walk in the afternoon, _____ _____?
   오후에 산책하자, 그럴래?

9. Be nice to your friends, _____ _____?
   너의 친구들을 잘 대해라, 알았지?

10. Your parents won't move to Seoul, _____ _____?
    너희 부모님은 서울로 이사하지 않으실 거야, 그렇지?

11. Do the dishes after dinner, _____ _____?
    저녁 식사 후에 설거지를 해라, 알았지?

12. We can get there before 9 o'clock, _____ _____?
    우리는 9시 전에 거기에 갈 수 있어, 그렇지 않니?

Review Test

[1-2] 다음 괄호 안에서 알맞은 말을 고르세요.

1 You are in the sixth grade, (are / aren't) you?

2 Alice and James walk to school, (aren't / don't) they?

[3-4] 다음 빈칸에 알맞은 말을 각각 쓰세요.

3
· Leo was busy last weekend, _____ he?
· Those women are not musicians, _____ they?

4
· Your mother likes coffee, _____?
· We didn't talk about it, _____?

5 다음 우리말을 영어로 바꿔 쓸 때, 빈칸에 알맞은 말을 쓰세요.

닭은 수영할 수 없어, 그렇지?

→ Chickens can't swim, _____?

[6-7] 다음 중, 밑줄 친 부분이 잘못된 문장을 고르세요.

6
① You study hard, don't you?
② Their daughter is cute, isn't she?
③ He went to school, doesn't he?
④ They weren't at home, were they?

7
① Be careful, will you?
② Birds can't speak, can they?
③ Let's go camping, shall we?
④ She will take a walk, won't you?

[8-9] 다음 빈칸에 공통으로 들어갈 말을 쓰세요.

8
· Ben and Tracy won't eat tomatoes, _____ they?
· Don't be late, _____ you?

9
· We didn't go out last night, did _____?
· Let's take a rest now, shall _____?

10 다음 질문에 알맞은 대답을 고르세요.

Let's go on a picnic next week, shall we?

→ (OK, let's. / Yes, you will.)

[11-12] 다음 빈칸에 알맞은 말을 쓰세요.

11 Your parents can speak Chinese, _____ they?

12 Mr. Cohen didn't meet them yesterday, _____?

정답 및 해설 p. 14

[13-14] 다음 괄호 안에서 알맞은 말을 고르세요.

13 It's hot today, (is / isn't) it?

14 Danny won't have his birthday party, (will / does) he?

[15-16] 다음 괄호 안의 말을 바르게 배열해 문장을 완성하세요. (반드시 콤마를 추가할 것)

15 (doesn't / likes / sweets / she / Judy)

Judy는 단것을 좋아해, 그렇지 않니?

→ _____ ?

16 (the airplane / he / won't / Sam / take / will)

Sam은 그 비행기를 타지 않을 거야, 그렇지?

→ _____ ?

[17-18] 다음 빈칸에 알맞은 부가의문문을 쓰세요.

17 Louis and Sam were in the classroom, _____ ?

18 Let's not take pictures here, _____ ?

중학교 시험에는 이렇게!

| 서울 ○○중 응용 |

19 다음 중 잘못된 대화를 골라 기호를 쓰세요.

(a) A: They can't see it, can they?
  B: No, they can't.

(b) A: The clerks were kind, weren't they?
  B: No, they were not.

(c) A: Turn the volume down, will you?
  B: Yes, it will.

(d) A: Let's take a taxi, shall we?
  B: OK, let's.

→ 기호: [   ]

| 전북 ○○중 응용 |

20 다음 대화에서 잘못된 단어를 찾아 번호를 쓰고, 바르게 고쳐 쓰세요.

A: Spiders look smarter ① than ants, ② don't ③ you?
B: Yes, they ④ do.

• 잘못된 단어의 번호: [   ]
• 바르게 고쳐 쓰기: _____

Word Review

다음은 **Chapter 7**에 사용된 주요 단어입니다.
소리 내어 읽으면서 써보세요.

단어	뜻	쓰기	단어	뜻	쓰기
1 ready	준비된		14 fix	고치다, 수리하다	
2 spring	봄		15 broken	망가진, 부서진	
3 call	전화하다, 부르다		16 noise	소음	
4 flour	밀가루		17 cello	첼로	
5 dentist	치과의사		18 press	누르다	
6 usually	주로, 대체로		19 French	프랑스어	
7 scary	무서운		20 grade	학년, 등급	
8 healthy	건강한		21 musician	음악가	
9 expensive	비싼		22 rest	휴식	
10 tired	피곤한		23 see	보다	
11 map	지도		24 clerk	점원	
12 outside	밖에, 바깥에		25 volume	(소리의) 볼륨	
13 careful	조심하는				

☆ **Word Review**에서 학습한 25개 단어는 워크북 63쪽에서 테스트해 볼 수 있습니다.

8

다양한 의미의
It is ~

1. It is + 날씨/요일

우리가 아는 'It is ~'는 '그것은 ~이다/~하다'라는 뜻입니다. 그런데 '날씨가 ~하다', '~요일이다'를 나타낼 때도 'It is[It's] ~.'를 씁니다. 이때 It은 '그것'이라고 해석하지 않습니다.

▶ 과거의 날씨나 요일은 'It was ~.'를 씁니다.

How is[How's] the weather? (날씨가 어떠니?)				
It's sunny.	**It's** hot.	**It's** cold.	**It's** raining.	**It's** snowing.
맑다.	덥다.	춥다.	비가 온다.	눈이 온다.
It's cloudy.	**It's** windy.	**It's** stormy.	**It's** foggy.	
흐리다.	바람이 많이 분다.	폭풍우가 친다.	안개가 꼈다.	

What day is it? (무슨 요일이니?)						
It's						
Monday.	Tuesday.	Wednesday.	Thursday.	Friday.	Saturday.	Sunday.
월요일이야.	화요일이야.	수요일이야.	목요일이야.	금요일이야.	토요일이야.	일요일이야.

▶ day를 물으면 '요일'을 대답합니다.

정답 및 해설 p. 15

다음 대화의 괄호 안에서 알맞은 말에 동그라미 하세요.

1. **A:** How's the weather?　　　　　**B:** (It's sunny. / It's Sunday.)

2. **A:** What day is it?　　　　　　**B:** (It's cloudy. / It's Thursday.)

3. **A:** What day (it is / is it)?　　　**B:** It's Tuesday.

4. **A:** How's the weather?　　　　　**B:** (It is Friday. / It is snowing.)

5. **A:** What day is (this / it)?　　　**B:** It's Monday.

2. It is + 날짜/시간

'～월 ～일이다', '～시 ～분이다'를 나타낼 때도 'It is[It's] ～.'를 씁니다. 이때 날짜는 **first(1st)**, **second(2nd)**, **third(3rd)**, **fourth(4th)** 등 서수로 나타냅니다.

❍ 서수는 첫째, 둘째, 셋째 등 순서를 나타내는 숫자입니다.

> **What's the date? / What date is it? (며칠이니?)**
>
> · **It's** May the first. 5월 1일이야.
> · **It's** May 1st. 5월 1일이야.
> · **It's** the first day of May. 5월 1일이야.

❍ date를 물으면 '날짜'를 대답합니다.

> **What time is it? (몇 시니?)**
>
> · **It's** nine o'clock. 9시 정각이야.
> · **It's** eleven twenty-five. 11시 25분이야.

정답 및 해설 p. 15

다음 대화의 괄호 안에서 알맞은 말에 동그라미 하세요.

1. **A:** What time is it?　　　　　　　**B:** (It's three fifteen. / It's Saturday.)

2. **A:** What is the date?　　　　　　　**B:** (It's June eleventh. / It's eight forty-two.)

3. **A:** What time (is it / does it)?　　**B:** It's one thirty.

4. **A:** What's the date?　　　　　　　**B:** (It's Wednesday. / It's the second of April.)

5. **A:** What time (it is / is it)?　　　**B:** It's six five.

6. **A:** What is the date?　　　　　　　**B:** (It is / Is it) August thirtieth.

Build Up

A 다음 그림을 보고, 그림의 내용과 일치하도록 빈칸에 알맞은 말을 영어로 쓰세요.

1. A: How is the weather?

   B: _____ is snowing.

2. A: What time is it now?

   B: _____ is _____ o'clock.

3. A: What date _____ _____ today?

   B: _____ is February _____ .

4. A: What day _____ _____ today?

   B: _____ is Sunday.

B 괄호 안의 말을 바르게 배열해 문장을 완성하세요.

1. _____ . (is / foggy / today / it)

   오늘은 안개가 꼈다.

2. _____ . (Wednesday / is / it)

   수요일이다.

3. _____ . (twelve / is / it / o'clock)

   12시 정각이다.

4. _____ . (it / seventh / is / June)

   6월 7일이다.

5. _____ . (in / hot / it / summer / is)

   여름에는 덥다.

6. _____ . (cloudy / was / last week / it)

   지난주에는 흐렸다.

C 우리말 뜻과 같도록 주어진 말을 사용해 문장을 완성하세요.

- Thursday → ___It is Thursday___ today.
  오늘은 목요일이다.

1. April, tenth → _____ .
   4월 10일이다.

2. cold → _____ outside.
   밖은 춥다.

3. two, thirty → _____ now.
   지금은 2시 30분이다.

4. time → What _____ now?
   지금은 몇 시니?

5. date → _____ today?
   오늘이 며칠이니?

6. cool → _____ last night.
   어젯밤에는 시원했다.

7. September, fifth → _____ today.
   오늘은 9월 5일이다.

8. windy → _____ outside.
   밖에 바람이 분다.

9. eleven → _____ o'clock.
   11시 정각이다.

10. July, twenty-ninth → _____ .
    7월 29일이다.

11. Friday → _____ .
    금요일이다.

12. day → What _____ today?
    오늘은 무슨 요일이니?

3. It is time for

'It is[It's] time for ～'는 '～할 시간[때]이다'라는 뜻입니다. for 뒤에는 명사를 씁니다.

It is time for + 명사
· **It is[It's] time for** <u>dinner</u>. 저녁 식사 시간이다.
· **It is[It's] time for** <u>bed</u>. 잘 시간이다.　　　　◐ for 뒤에 모두 명사가 왔어요.
· **It is[It's] time for** <u>a piano lesson</u>. 피아노 강습 시간이다.

'～할 시간[때]이니?'라고 물을 때는 It과 is의 자리를 바꿔서 'Is it time for ～?'라고 씁니다.

It is time for ～. ～할 시간이다.

Is it time for ～? ～할 시간이니?

대답은 'Yes, it is(응, 그래).', 또는 'No, it's not(아니, 그렇지 않아).'을 씁니다.

Is it time for + 명사 ~ ?	대답
· **Is it time for** school? 학교에 갈 시간이니? · **Is it time for** a walk? 산책할 시간이니?	· **Yes, it is.** 응, 그래. · **No, it is not / it's not / it isn't.** 아니, 그렇지 않아.

정답 및 해설 p. 16

괄호 안에서 알맞은 말에 동그라미 하세요.

1. (It / They) is time for a test.　시험 칠 시간이다.

2. (It is / It) time for science class.　과학 수업 시간이다.

3. It is time for (lunch / have lunch).　점심 식사 시간이다.

4. It is time (for / to) breakfast.　아침 식사 시간이다.

5. (Is it / It is) time for the TV show.　TV쇼 할 시간이다.

4. It is time to

It's time for 뒤에는 명사를 쓰지만, It's time to 뒤에는 동사원형을 씁니다. 뜻은 마찬가지로 '~할 시간[때]이다'입니다.

It is time to + 동사원형
· **It is[It's] time to** <u>get</u> up. 일어날 시간이다.
· **It is[It's] time to** <u>go</u> home. 집에 갈 시간이다. ▶ to 뒤에 모두 동사원형이 왔어요.
· **It is[It's] time to** <u>have</u> lunch. 점심 식사할 시간이다.

마찬가지로 '~할 시간[때]이니?'라고 물을 때는 It과 is의 자리를 바꿔서 'Is it time to ~?'라고 씁니다.

It is time to ~. ~할 시간이다.

Is it time to ~? ~할 시간이니?

Is it time to + 동사원형 ~ ?	대답
· **Is it time to** leave? 떠날 시간이니? · **Is it time to** take a bath? 목욕할 시간이니?	· **Yes, it is.** 응, 그래. · **No, it is not / it's not / it isn't.** 아니, 그렇지 않아.

정답 및 해설 p. 16

괄호 안에서 알맞은 말에 동그라미 하세요.

1. It is time (for / to) eat snacks. 간식 먹을 시간이다.

2. It is time to (breakfast / have breakfast). 아침 식사할 시간이다.

3. Is it time (for / to) go to sleep? 자러 갈 시간이니?

4. It is time to (take / taking) a rest. 휴식을 취할 시간이다.

5. Is it time to (drunk / drink) tea? 차를 마실 시간이니?

Build Up

A 빈칸에 알맞게 **for** 또는 **to**를 쓰세요.

1. It's time _____ dinner.

   저녁 식사할 시간이다.

2. It is time _____ play soccer.

   축구할 시간이다.

3. Is it time _____ drink milk?

   우유 마실 시간이니?

4. It's time _____ a nap.

   낮잠 잘 시간이다.

5. Is it time _____ take the train?

   기차 탈 시간이니?

6. Is it time _____ English class?

   영어 수업할 시간이니?

B 밑줄 친 부분을 바르게 고쳐 쓰세요.

1. Is it time to a party?

   파티를 할 시간이니?   → _____

2. It's time for go to bed.

   잠자리에 들 시간이다.   → _____

3. It time for a Christmas party.

   크리스마스 파티를 할 시간이다.   → _____

4. It's time finish the work.

   일을 끝낼 시간이다.   → _____

5. It is time to goes outside.

   밖에 나갈 시간이다.   → _____

6. It is time to a snack.

   간식 먹을 시간이다.   → _____

C 주어진 말을 사용해 문장을 완성하세요.

> • go → It's time __to__ __go__ shopping.
> 쇼핑하러 갈 시간이다.

1. the baseball game → Is _____ time for _____ _____ _____?
   야구 경기할 시간이니?

2. call → It's time _____ _____ him.
   그에게 전화할 시간이다.

3. practice → _____ is time _____ _____ the cello.
   첼로를 연습할 시간이다.

4. math class → It is time _____ _____ _____.
   수학 수업 시간이다.

5. breakfast → _____ _____ time for _____?
   아침 식사할 시간이니?

D 괄호 안의 말을 바르게 배열해 문장을 완성하세요.

1. (brush / it / your teeth / time / is / to) 양치질할 시간이다.
   → _____ .

2. (it / the soccer match / time / is / for) 축구 시합할 시간이니?
   → _____ ?

3. (time / is / to / get up / it) 일어날 시간이다.
   → _____ .

4. (is / the classroom / it / to / time / clean) 교실을 청소할 시간이다.
   → _____ .

5. (for London / is / it / time / leave / to) 런던으로 떠날 시간이다.
   → _____ .

Review Test

[1-2] 다음 빈칸에 공통으로 들어갈 알맞은 말을 쓰세요.

1
- _____ is sunny today.
  오늘 날씨가 맑다.
- _____ is ten o'clock.
  10시 정각이다.

2
- _____ for dinner.
  저녁 식사할 시간이다.
- _____ to sleep.
  잘 시간이다.

3 대화에서 알맞은 대답을 고르세요.

A: How's the weather?
B: (It's Friday. / It's cloudy.)

[4-5] 다음 빈칸에 들어갈 수 <u>없는</u> 것을 고르세요.

4
It is time for _____.

① a baseball game
② a walk
③ take a test
④ some snacks

5
It is time to _____.

① watch the movie
② jog
③ music class
④ call Fred

[6-7] 밑줄 친 부분을 바르게 고쳐 문장을 다시 쓰세요.

6
It's time <u>for</u> turn off the TV.

→ _____

7
Is it time to <u>does</u> the dishes?

→ _____

8 각각의 빈칸에 알맞은 말을 쓰세요.

A: What time is _____ now?
지금 몇 시니?

B: _____ eleven forty.
11시 40분이야.

[9-10] 우리말 뜻과 같도록 알맞은 것을 고르세요.

9
오늘은 4월 12일이다.

→ (It is / Is it) April twelfth today.

10
집에 갈 시간이다.

→ It's time (for go / to go) home.

[11-12] 다음 중, 짝지어진 대화가 <u>잘못된</u> 것을 고르세요.

11　① A: What time is it?

　　　 B: It's one twenty.

　　② A: What is the date?

　　　 B: It's January twenty-third.

　　③ A: How's the weather?

　　　 B: It's snowing.

　　④ A: Is it time for a test?

　　　 B: Yes, that is.

12　① A: What is the date?

　　　 B: It's Friday.

　　② A: How is the weather?

　　　 B: It's foggy.

　　③ A: Is it time for a meal?

　　　 B: No, it's not.

　　④ A: Is it time to boil water?

　　　 B: Yes, it is.

[13-14] 다음 우리말 뜻과 같도록 괄호 안에서 알맞은 말을 고르세요.

13 오늘은 무슨 요일이니?

→ What (day / date) is it today?

14 어제는 날씨가 맑았다.

→ (It is / It was) sunny yesterday.

[15-16] 괄호 안의 말을 바르게 배열해 문장을 완성하세요.

15 (Monday / is / today / it)

오늘은 월요일이다.

→ _____ .

16 (time / is / to / your dog / feed / it)

너의 개에게 먹이를 줄 시간이니?

→ _____ ?

중학교 시험에는 이렇게!

| 경기 ○○중 응용 |

17 <u>틀린</u> 문장을 <u>두 개</u> 골라 기호를 쓰세요.

(a) Is it time to take a bath?

(b) It's dark and cloudy outside.

(c) It is time for fix the wheels.

(d) It is February second last Sunday.

→ 기호: _____, _____

| 서울 ○○중 응용 |

18 우리말 뜻과 같도록 괄호 안의 단어를 사용해 문장을 만드세요. (반드시 다른 말을 추가할 것)

(take, the medicine)

Lucy, 약 먹을 시간이야.

→ Lucy, _____ .

Word Review

다음은 **Chapter 8**에 사용된 주요 단어입니다.
소리 내어 읽으면서 써보세요.

단어	뜻	쓰기	단어	뜻	쓰기
1 weather	날씨		14 bath	목욕	
2 windy	바람이 많이 부는		15 wheel	바퀴, 핸들	
3 foggy	안개 낀		16 lesson	강습, 수업	
4 date	날짜		17 Wednesday	수요일	
5 cloudy	흐린		18 Tuesday	화요일	
6 leave for	~로 떠나다		19 Thursday	목요일	
7 practice	연습하다		20 finish	끝내다	
8 breakfast	아침 식사		21 May	5월	
9 jog	조깅하다		22 June	6월	
10 turn off	~을 끄다		23 February	2월	
11 boil	끓이다		24 April	4월	
12 feed	먹이를 주다		25 September	9월	
13 medicine	약				

☆ **Word Review**에서 학습한 25개 단어는 워크북 72쪽에서 테스트해 볼 수 있습니다.

Finals

Finals

[1-2] 괄호 안에서 알맞은 말을 고르세요.

1 I go to bed the (most early / earliest) in my family.

2 That is the (famoust / most famous) festival in the town.

3 괄호 안의 단어를 빈칸에 알맞게 바꿔 쓰세요.

He is the _____ writer in France. (good)

그는 프랑스에서 최고의 작가이다.

4 우리말 뜻과 같도록 괄호 안에서 알맞은 말을 고르세요.

Tom은 그녀의 가장 어린 아들이다.

→ Tom is (her youngest / youngest her) son.

5 다음 중, 밑줄 친 부분이 잘못된 문장을 고르세요.

① Eva is the tallest of the children.
② Today is the hottest of this summer.
③ Joe has the less money of the three.
④ The game is the most boring of the four.

6 밑줄 친 부분을 바르게 고쳐 쓰세요.

It's latest our song.

→ _____

[7-8] 다음 밑줄 친 부분을 바르게 고쳐 문장을 다시 쓰세요.

7 Tim solved the problem the quickliest in his class.

Tim은 그 문제를 반에서 가장 빠르게 풀었다.

→ _____

8 Mark is the closest my friend.

Mark는 나의 가장 가까운 친구이다.

→ _____

[9-10] 우리말 뜻과 같도록 빈칸에 알맞은 말을 쓰세요.

9 I missed the bus _____ I got up late.

나는 버스를 놓쳤는데, 내가 늦게 일어났기 때문이었다.

10 The novel is not interesting _____ it is famous.

그 소설은 재미있지 않지만 유명하다.

11 다음 우리말을 영어로 바꿔 쓸 때, 빈칸에 알맞은 말을 쓰세요.

> 천천히 먹어라, 그러지 않으면 배탈이 날 것이다.

→ Eat slowly, _____ you'll have a stomachache.

12 빈칸에 공통으로 들어갈 단어를 쓰세요.

> - We have water, coffee _____ tea.
> - Try harder, _____ you'll win the race.

[13-14] 괄호 안의 말을 바르게 배열해 문장을 완성하세요. (반드시 콤마를 추가할 것)

13 (happy / will be / do / and / best / your / your parents)
최선을 다해라, 그러면 너의 부모님이 기쁘실 것이다.

→ _____

14 (the game / you / practice / or / more / will lose)
더 연습해라, 그러지 않으면 너는 경기에서 질 것이다.

→ _____

[15-17] 다음 빈칸에 알맞은 부가의문문을 쓰세요.

15 The beach is beautiful, _____?

16 The children didn't feel good, _____?

17 Your brother will skate tomorrow, _____?

[18-19] 다음 밑줄 친 부분을 바르게 고쳐 쓰세요.

18 She's not a student, <u>has she</u>?

→ _____

19 Your father went to bed early, <u>did he</u>?

→ _____

20 다음 중, <u>잘못된</u> 문장을 고르세요.

① Don't touch the glass, will you?
② Let's play table tennis, shall we?
③ Wash your sneakers, aren't you?
④ Let's not go to the movies, shall we?

21 다음 우리말 뜻과 같도록 빈칸에 알맞은 말을 쓰세요.

Let's not go to the park, _____?
공원에 가지 말자, 그럴래?

22 다음 빈칸에 알맞은 말을 각각 쓰세요.

(1) _____ is Saturday. 토요일이야.

(2) _____ it time for dinner?
저녁 식사할 시간이니?

[23-24] 다음 대화에서 알맞은 말을 고르세요.

23
A: What day is it today?
B: It's (Tuesday / March tenth).

24
A: (What's the date? / What time is it?)
B: It's four thirty-two.

25 다음 중, 짝지어진 대화가 <u>잘못된</u> 것을 고르세요.

① A: Is it time to go swimming?
B: No, it isn't.
② A: What's the date?
B: It's November thirteenth.
③ A: How is the weather?
B: It is raining.
④ A: What day is it?
B: It's seven fifty.

[26-27] 괄호 안의 말을 바르게 배열해 문장을 완성하세요.

26
(cool / in / it / autumn / is)
가을에는 시원하다.

→ _____.

27
(the ship / time / is / take / to / it)
배를 탈 시간이니?

→ _____?

[28-30] 괄호 안의 말을 사용해 문장을 완성하세요.

28
_____ now.
(four, forty)
지금은 4시 40분이다.

29
_____ today.
(August, twenty-third)
오늘은 8월 23일이다.

30
_____ last week.
(hot)
지난주에는 더웠다.

Overall
Test

1 빈칸에 알맞은 말을 쓰세요.

> Peter _____ not jogging
> yesterday.
> Peter는 어제 조깅하고 있지 않았다.

2 알맞은 질문이 되도록 괄호 안에서 알맞은 말을 고르세요.

> A: (When / Where) were the girls
> talking together?
> B: They were talking under the
> tree.

3 다음 밑줄 친 부분을 바르게 고쳐 문장을 다시 쓰세요.

> My brothers <u>was</u> going to school.

→ _____

4 다음 중, 잘못된 문장을 고르세요.

① She will come home late tonight.
② Tony will have a party last week.
③ Susie will wash her sneakers.
④ The man will watch a movie.

5 괄호 안에서 알맞은 말을 고르세요.

> Kevin will (go / goes) skiing
> with his friends tomorrow.

6 will을 사용해 문장을 바꿔 쓰세요.

> You are a great musician.

→ _____

7 빈칸에 알맞은 말을 쓰세요.

> Nell and Jack _____ going
> to have dinner soon.
> Nell과 Jack은 곧 저녁 식사를 할 예정이다.

8 괄호 안에서 알맞은 말을 고르세요.

> We are going (spend / to spend)
> a week here.
> 우리는 여기서 한 주를 보낼 예정이다.

9 잘못된 부분을 바르게 고쳐 문장을 다시 쓰세요.

> Where does Jerry going to buy
> new shoes?

→ _____

10 괄호 안의 말을 사용해 문장을 다시 쓰세요.

> My mom attends the yoga class.
> (be going to)

→ _____

11 괄호 안에서 알맞은 말을 고르세요.

My brother eats (most / more) than my dad.

12 우리말 뜻과 같도록 괄호 안의 말을 사용해 문장을 완성하세요.

그 사전은 책보다 더 도움이 된다. (helpful)

→ The dictionary is _____ _____ _____ the book.

13 다음 중, 잘못된 문장을 고르세요.

① He is a youngest in his family.
② Eric is the funniest boy in his school.
③ It's the largest room in the hotel.
④ They are the cheapest pants.

14 잘못된 부분을 바르게 고쳐 문장을 다시 쓰세요.

That shirt is the most cheapest of the four.

→ _____

[15-16] 우리말 뜻과 같도록 빈칸에 알맞은 말을 쓰세요.

15

뜨거운 차를 마셔라, 그러면 기분이 나아질 것이다.

→ Drink hot tea, _____ you'll feel better.

16

나는 매우 피곤했는데, 내가 하루 종일 테니스를 쳤기 때문이었다.

→ I was very tired, _____ I played tennis all day long.

17 빈칸에 들어갈 말로 알맞은 것을 고르세요

Ron made some delicious cookies, _____ he?

① don't   ② didn't
③ doesn't   ④ did

18 우리말 뜻과 같도록 빈칸에 알맞은 말을 써서 문장을 완성하세요.

저 영화를 보지 말자, 그럴래?

→ Let's not watch that movie, _____ _____?

19 다음 중, 잘못된 문장을 고르세요.

① Is it time for lunch?
② It's time for science class.
③ It's time to do the dishes.
④ Is it time to taking the train?

20 괄호 안의 말을 바르게 배열해 문장을 완성하세요.

(time / a rest / it / to / is / take)
휴식을 취할 시간이다.

→ _____

Overall Test 1회

각 문항이 어느 Chapter에서 출제되었는지 확인해 보세요.

문항	O / X	출제 연계 chapter	문항	O / X	출제 연계 chapter
1		Ch. 1 과거진행형	11		Ch. 4 비교급
2		Ch. 1 과거진행형	12		Ch. 4 비교급
3		Ch. 1 과거진행형	13		Ch. 5 최상급
4		Ch. 2 미래(1)	14		Ch. 5 최상급
5		Ch. 2 미래(1)	15		Ch. 6 접속사
6		Ch. 2 미래(1)	16		Ch. 6 접속사
7		Ch. 3 미래(2)	17		Ch. 7 부가의문문
8		Ch. 3 미래(2)	18		Ch. 7 부가의문문
9		Ch. 3 미래(2)	19		Ch. 8 다양한 의미의 It is ~
10		Ch. 3 미래(2)	20		Ch. 8 다양한 의미의 It is ~

DAY 28 Overall Test 2회

1 우리말 뜻과 같도록 알맞은 말을 고르세요.

> Sam and I (were / was) talking together last night.
> 어젯밤에 Sam과 나는 함께 이야기하고 있었다.

2 밑줄 친 부분을 고쳐 문장을 다시 쓰세요.

> The boy was <u>look</u> at the bird.
> 그 소년은 새를 바라보고 있었다.

→ _____

3 다음 중, 잘못된 문장을 고르세요.

① Louis won't take the ship tomorrow.
② You will are ten years old next year.
③ Ellen will go to Canada next month.
④ It will not snow a lot next week.

4 다음 문장을 will이 들어간 부정문으로 바꿔 쓰세요.

> He doesn't drink coffee at night.

→ _____

5 다음 질문에 대한 알맞은 대답을 고르세요.

> When is David going to visit London?

→ He's going to visit London (by airplane / next month).

6 다음 중, 잘못된 문장을 고르세요.

① I feel worse.
② My dad is busier.
③ This map is the most useful.
④ That building is more high.

7 우리말 뜻과 같도록 괄호 안의 말을 사용해 문장을 완성하세요.

> 그 모자는 그 청바지보다 더 비싸다.
> (expensive)

→ The hat is _____ _____ _____ the jeans.

8 주어진 단어의 최상급을 쓰세요.

(1) easy: the _____
(2) large: the _____

9 밑줄 친 부분이 잘못된 문장을 고르세요.

① It is <u>his latest</u> novel.
② That was <u>best her</u> game.
③ This is <u>their newest</u> song.
④ It was <u>her most interesting</u> story.

10 괄호 안의 말을 바르게 배열해 문장을 완성하세요.

> (our / is / match / most / it / important)
> 그것은 우리의 가장 중요한 시합이다.

→ _____.

11 빈칸에 알맞은 말을 각각 쓰세요.

> ·Those books are very thick
> _____ light.
> 그 책들은 매우 두껍지만 가볍다.
>
> ·Steve was late for school
> _____ he missed the bus.
> Steve는 학교에 늦었는데, 그가 버스를 놓쳤기
> 때문이었다.

12 괄호 안의 말을 바르게 배열해 문장을 완성하세요.

> (the coat / a cold / catch / wear /
> you / or / will)
> 코트를 입어라, 그러지 않으면 너는 감기에 걸릴 것이다.

→ _____.

[13-14] 다음 우리말 뜻과 같도록 빈칸에 알맞은 말을
쓰세요.

13
> Sarah and Tim were at home
> yesterday, _____ they?
> Sarah와 Tim은 어제 집에 있었어, 그렇지 않니?

14
> You and your brother don't like
> math, _____ you?
> 너와 너의 오빠는 수학을 좋아하지 않아, 그렇지?

15 우리말 뜻과 같도록 문장을 완성하세요.

> 그녀는 바다에서 수영할 거야, 그렇지 않니?

→ She will swim in the sea, _____
_____?

16 빈칸에 알맞은 말을 쓰세요.

> _____ _____ really hot
> last weekend.
> 지난 주말에 날씨가 정말 더웠다.

17 다음 질문에 대한 대답으로 알맞은 것을 고르세요.

> What's the date?

① It's Friday.

② It's cold outside.

③ It's three twenty.

④ It's December 8th.

18 다음 중, 잘못된 문장을 고르세요.

① It is time to sleep.

② It is time for lunch.

③ Is it time to ate snacks?

④ Is it time to clean the room?

[19-20] 우리말 뜻과 같도록 문장을 완성하세요.

19 | 아침 식사할 시간이다.

→ It's _____ _____ breakfast.

20 | 일을 끝낼 시간이니?

→ _____ _____ time _____
finish the work?

Overall Test 2회

각 문항이 어느 Chapter에서 출제되었는지 확인해 보세요.

문항	O / X	출제 연계 chapter	문항	O / X	출제 연계 chapter
1		Ch. 1 과거진행형	11		Ch. 6 접속사
2		Ch. 1 과거진행형	12		Ch. 6 접속사
3		Ch. 2 미래(1)	13		Ch. 7 부가의문문
4		Ch. 2 미래(1)	14		Ch. 7 부가의문문
5		Ch. 3 미래(2)	15		Ch. 7 부가의문문
6		Ch. 4 비교급 / Ch. 5 최상급	16		Ch. 8 다양한 의미의 It is ~
7		Ch. 4 비교급	17		Ch. 8 다양한 의미의 It is ~
8		Ch. 5 최상급	18		Ch. 8 다양한 의미의 It is ~
9		Ch. 5 최상급	19		Ch. 8 다양한 의미의 It is ~
10		Ch. 5 최상급	20		Ch. 8 다양한 의미의 It is ~

Overall Test 3회

1 밑줄 친 부분을 바르게 고쳐 문장을 다시 쓰세요.

> It is time to <u>cleaning</u> your room.

→ _____

2 다음 질문에 알맞은 대답을 고르세요.

> What day is it?

→ It's (June third / Wednesday).

[3-5] 다음 우리말 뜻과 같도록 빈칸에 알맞은 말을 쓰세요.

3
> Olivia didn't drive last night, _____ she?
>
> Olivia는 어젯밤에 운전하지 않았어, 그렇지?

4
> The boy can swim, _____ he?
>
> 그 소년은 수영할 수 있어, 그렇지 않니?

5
> Your sisters will come to the party, _____ _____?
>
> 너의 언니들은 파티에 올 거야, 그렇지 않니?

6 우리말 뜻과 같도록 빈칸에 알맞은 말을 쓰세요.

> Be careful, _____ you'll drop the glass.
>
> 조심해라, 그러지 않으면 너는 유리컵을 떨어트릴 거야.

7 다음 중, 잘못된 문장을 고르세요.

① She'll eat bread or cookies.

② This is difficult but interesting.

③ I didn't go shopping because tired.

④ He likes apples, grapes, and peaches.

8 밑줄 친 부분을 바르게 고쳐 문장을 다시 쓰세요.

> That was <u>the most his important exam.</u>
>
> 그것은 그의 가장 중요한 시험이었다.

→ _____

9 다음 중, 잘못된 문장을 고르세요.

① These kids are faster than them.

② David is busier than his friend.

③ I have much money than her.

④ Emily dances better than me.

10 우리말 뜻과 같도록 괄호 안의 말을 사용해 문장을 완성하세요.

> Today is _____ _____ day.
> (bad)
>
> 오늘은 최악의 날이다.

11 다음 빈칸에 들어갈 수 <u>없는</u> 말을 고르세요.

> This is more _____ than that.

① difficult　　　② useful

③ boring　　　④ good

12 괄호 안의 말을 바르게 배열해 문장을 완성하세요.

> (smarter / fish / are / monkeys / than)
>
> 원숭이는 물고기보다 더 똑똑하다.

→ _____ .

13 밑줄 친 부분을 최상급으로 바꿔 쓰세요.

> The woman is <u>a popular</u> player.

→ _____

14 대화의 빈칸에 알맞은 말을 고르세요.

> A: _____ is going to play the guitar?
>
> B: I'm going to play it.

① How　　　② Where

③ Who　　　④ When

15 괄호 안의 말을 바르게 배열해 문장을 완성하세요.

> (going / you / are / late / come / to / home)
>
> 너는 집에 늦게 올 예정이니?

→ _____ ?

16 우리말 뜻과 같도록 괄호 안에서 알맞은 말을 고르세요.

> 그 농부는 쌀을 재배하지 않을 예정이다.

→ The farmer is (going not / not going) to grow rice.

17 우리말 뜻과 같도록 괄호 안의 말을 사용해 문장을 완성하세요.

> 너는 거기에 정각에 도착할 거니?
>
> (you, will, arrive)

→ _____ there on time?

18 다음 대화의 빈칸에 알맞은 말을 쓰세요.

> A: Will they take the yoga class?
>
> B: No, _____ .

19 괄호 안의 말을 바르게 배열해 문장을 완성하세요.

> (we / doing / were / what)
>
> 우리가 어제 무엇을 하고 있었니?

→ _____ yesterday?

20 우리말 뜻과 같도록 괄호 안의 말을 사용해 문장을 완성하세요.

> 그 남자들은 상자 몇 개를 나르고 있었다.
>
> (be, carry)

→ Those men _____ _____ some boxes.

Overall Test 3회

각 문항이 어느 Chapter에서 출제되었는지 확인해 보세요.

문항	O / X	출제 연계 chapter
1		Ch. 8 다양한 의미의 It is ~
2		Ch. 8 다양한 의미의 It is ~
3		Ch. 7 부가의문문
4		Ch. 7 부가의문문
5		Ch. 7 부가의문문
6		Ch. 6 접속사
7		Ch. 6 접속사
8		Ch. 5 최상급
9		Ch. 4 비교급
10		Ch. 5 최상급

문항	O / X	출제 연계 chapter
11		Ch. 4 비교급
12		Ch. 4 비교급
13		Ch. 5 최상급
14		Ch. 3 미래(2)
15		Ch. 3 미래(2)
16		Ch. 3 미래(2)
17		Ch. 2 미래(1)
18		Ch. 2 미래(1)
19		Ch. 1 과거진행형
20		Ch. 1 과거진행형

MEMO

MEMO

메가스터디BOOKS

초등영문법 문장의 원리

Level 4

차례

DAY 01

1. 과거진행형 / 2. 과거와 과거진행형

Step 1   주어진 말을 사용해 과거진행형 문장이 되도록 빈칸을 채우세요.

1   make   → Charles _____ chocolate cake for his son.

2   learn   → Maya _____ Spanish three months ago.

3   not, clap   → The people _____ at that time.

4   live   → My parents _____ in Tokyo.

5   not, drink   → The elephants _____ water.

6   close   → The woman _____ the windows.

7   not, rain   → It _____ this morning.

8   fly   → An airplane _____ in the sky.

9   not, call   → I _____ Joe last night.

10   build   → They _____ a snowman at the park.

Step 2 밑줄 친 과거 동사를 과거진행형으로 바꿔 쓰세요.

1 The bee <u>didn't sit</u> on the flower. → _____

2 Susan and I <u>ate</u> pizza for lunch. → _____

3 You <u>swam</u> in the pool with your friend. → _____

4 My brothers <u>went</u> to school. → _____

5 The dog <u>didn't run</u> to the house. → _____

6 Some children <u>studied</u> math. → _____

7 Emily and her family <u>traveled</u> to Germany. → _____

8 My uncle <u>bought</u> some vegetables. → _____

9 Those men <u>didn't paint</u> the wall. → _____

10 I <u>sang</u> a song at the classroom. → _____

11 Your friends <u>didn't play</u> baseball. → _____

12 The monkey <u>slept</u> on the tree. → _____

Step **3** 친구들 가족이 어제 하고 있던 일을 나타낸 표입니다. 표를 보고, 과거진행형 문장이 되도록 빈칸을 채우세요.

	Betty's Family	Sam's Family	Lisa's Family
Mom	bake	listen to music	talk with her friend
Dad	bake	fish	walk along the river
Sister	·	study English	·
Brother	plan a party	·	cook
I	ride a bike	study English	clean my room

Betty

○ **1** My mom and dad _____ .

○ **2** My brother _____ .

○ **3** I _____ .

Sam

○ **4** My mom _____ .

○ **5** My dad _____ .

○ **6** My sister and I _____ .

Lisa

○ **7** My mom _____ .

○ **8** My dad _____ .

○ **9** My brother _____ .

○ **10** I _____ .

DAY 01 듣고 받아쓰기   ○ **Day 01**에서 공부한 내용 중,
10개의 문장을 듣고 써보세요.

🎧 듣기 Mp3

1. Maya _____ _____ Spanish three months ago.

2. The people _____ not _____ at that time.

3. My parents _____ _____ in Tokyo.

4. It _____ _____ _____ this morning.

5. The bee _____ not _____ on the flower.

6. Some children _____ _____ math.

7. Those men _____ _____ _____ the wall.

8. My brother _____ _____ a party.

9. My dad _____ _____ .

10. My mom _____ _____ _____ her friend.

3. 과거진행형 의문문 / 4. 의문사 + 과거진행형 의문문

정답 및 해설 p. 22

Step 1   우리말 뜻과 같도록 대화의 빈칸에 알맞은 말을 쓰세요.

1   A: _____ _____ you planting? 너희는 무엇을 심고 있었니?

     B: We were planting apple trees. 우리는 사과나무를 심고 있었어.

2   A: _____ you _____ to the post office? 너희들은 우체국에 가고 있었니?

     B: No, we _____. 아니, 그렇지 않았어.

3   A: _____ Ted _____ a walk with Sally? Ted가 Sally와 함께 산책하고 있었니?

     B: Yes, he _____. 응, 그랬어.

4   A: _____ _____ _____ the sad story? 누가 그 슬픈 이야기를 읽고 있었니?

     B: A boy was reading the sad story. 한 소년이 그 슬픈 이야기를 읽고 있었어.

5   A: _____ _____ your parents shopping? 너의 부모님은 어디에서 쇼핑하고 계셨니?

     B: They _____ _____ at the bookstore. 부모님은 서점에서 쇼핑하고 계셨어.

6   A: _____ _____ your cat _____ food? 너의 고양이가 언제 음식을 먹고 있었니?

     B: She was eating food two hours ago. 고양이가 두 시간 전에 음식을 먹고 있었어.

7   A: _____ the people waiting for the magic show?

     그 사람들이 마술쇼를 기다리고 있었니?

     B: No, _____ _____. 아니, 그렇지 않았어.

8   A: _____ _____ they _____ at the library?

     그들은 도서관에서 무엇을 공부하고 있었니?

     B: They were studying Korean history. 그들은 한국 역사를 공부하고 있었어.

9 **A:** _____ _____ _____ on the bench? 누가 벤치에 누워 있었니?

B: Justin was lying on the bench. Justin이 벤치에 누워 있었어.

10 **A:** _____ the farmer _____ the fence here? 그 농부가 여기서 울타리를 고치고 있었니?

B: Yes, he _____. 응, 그랬어.

11 **A:** _____ you _____ on the computer? 너는 컴퓨터로 일하고 있었니?

B: No, I _____. 아니, 그렇지 않았어.

12 **A:** _____ _____ Kevin _____ at that time?

그때 Kevin은 어디에 머물고 있었니?

B: He was staying at ABC Hotel. 그는 ABC 호텔에 머무르고 있었어.

Step **2** 괄호 안의 말을 바르게 배열해 의문문을 완성하세요.

1 _____ there? (making / noises / was / who)

누가 저기에서 소음을 내고 있었니?

2 _____? (the boys / the man / helping / were)

그 소년들이 그 남자를 돕고 있었니?

3 _____ in the kitchen? (cutting / was / who / carrots)

누가 주방에서 당근을 자르고 있었니?

4 _____ at the market? (were / what / they / buying)

그들은 시장에서 무엇을 사고 있었니?

5 _____? (walking / the students / where / were)

그 학생들은 어디를 걸어가고 있었니?

6 _____? (was / when / drinking / the lady / coffee)

그 여자는 언제 커피를 마시고 있었니?

Step **3** 어제 친구들이 한 일을 나타낸 표입니다. 표를 보고, 대화의 빈칸에 알맞은 말을 쓰세요.

	11:00 – 12:00	1:00 – 2:00	5:00 – 6:00
Jack	take a walk	skate	help his mother
Amy	go to the dentist	have lunch with Tom	watch a sad movie
Tom	do his homework	have lunch with Amy	play tennis with Sue
Sue	shop at the market	learn yoga	play tennis with Tom

1 A: Was Jack _____ a walk at 11:30?

B: Yes, he _____ .

2 A: _____ Amy doing her homework at 11:30?

B: No, she _____ .

3 A: _____ was Sue shopping at 11:30?

B: She _____ _____ at the market.

4 A: _____ Jack helping his mother at 1:20?

B: No, he _____ . He was _____ .

5 A: _____ Amy and Tom _____ lunch together at 1:40?

B: Yes, _____ were.

6 A: _____ was learning yoga at 1:50?

B: Sue was learning yoga.

7 A: _____ was Amy watching at 5:10?

B: She _____ watching a sad movie.

8 A: _____ Tom and Sue playing badminton at 5:30?

B: _____ , they weren't. They _____ playing tennis.

DAY 02 듣고 받아쓰기 ○ **Day 02**에서 공부한 내용 중, 10개의 문장을 듣고 써보세요.

🎧 듣기 Mp3

1. _____ _____ you planting?

2. _____ _____ reading the sad story?

3. _____ were _____ _____ shopping?

4. _____ the people _____ _____ the magic show?

5. _____ _____ making noises there?

6. _____ _____ _____ buying at the market?

7. _____ _____ the students _____ ?

8. _____ was the lady _____ _____ ?

9. _____ Jack _____ a walk at 11:30?

10. _____ _____ Amy watching at 5:10?

Chapter 1

단어 TEST

⚙ 반드시 반을 접어서 사용하세요.

Type 1 다음 영단어에 대한 우리말 뜻을 쓰세요.

1	nap	
2	draw	
3	newspaper	
4	travel	
5	pick	
6	cross	
7	ask	
8	move	
9	practice	
10	water	
11	drive	
12	rest	
13	farm	
14	insect	
15	feed	
16	count	
17	plant	
18	knock	
19	ring	
20	scientist	
21	salad	
22	midnight	
23	ladder	
24	carefully	
25	answer	

Type 2 다음 우리말에 해당하는 영단어를 쓰세요.

1	낮잠, 잠깐 자는 잠	
2	그리다	
3	신문	
4	여행하다	
5	따다, 집다	
6	건너다	
7	묻다, 물어보다	
8	옮기다, 움직이다	
9	연습하다	
10	물을 주다; 물	
11	운전하다	
12	휴식	
13	농장	
14	곤충	
15	먹이를 주다, 먹이다	
16	(숫자를) 세다	
17	(식물을) 심다; 식물	
18	문을 두드리다, 노크하다	
19	(전화가) 울리다	
20	과학자	
21	샐러드	
22	자정, 한밤중	
23	사다리	
24	조심히	
25	전화를 받다, 대답하다	

Step 1   괄호 안에서 알맞은 말을 고르세요

1 He (will eat not / won't eat) out this evening.
그는 오늘 저녁에 외식하지 않을 것이다.

2 Louis (visit not will / will not visit) this town.
Louis는 이 동네를 방문하지 않을 것이다.

3 The bookstore (will open / will opens) next month.
그 서점은 다음 달에 문을 열 것이다.

4 The people (won't take / won't not take) the subway.
그 사람들은 지하철을 타지 않을 것이다.

5 Harry (will is not / will not be) at home tonight.
Harry는 오늘 밤에 집에 있지 않을 것이다.

6 He (will ride / wills ride) a boat with Diana.
그는 Diana와 보트를 탈 것이다.

7 Lisa (not will go / will not go) to the zoo.
Lisa는 동물원에 가지 않을 것이다.

8 Nancy (will meets / will meet) her classmate tomorrow.
Nancy는 내일 자기 반 친구를 만날 것이다.

9 (I'll call / I'll will call) you tomorrow morning.
나는 내일 아침 너에게 전화할 것이다.

10 (They'll leaving / They'll leave) for Spain at 8.
그들은 8시에 스페인으로 떠날 것이다.

Step 2 밑줄 친 부분을 바르게 고쳐 문장을 다시 쓰세요.

1 Our team <u>will wins</u> the game. 우리 팀이 경기에서 이길 것이다.

→ _____

2 Betty <u>wills buy</u> a scarf for her mother. Betty는 그녀의 어머니를 위해 스카프를 살 것이다.

→ _____

3 The children <u>not will drink</u> Coke. 그 아이들은 콜라를 마시지 않을 것이다.

→ _____

4 Victoria <u>not will goes</u> to the dentist. Victoria는 치과에 가지 않을 것이다.

→ _____

5 Emma <u>will meeting</u> her cousin at the airport. Emma는 자기 사촌을 공항에서 만날 것이다.

→ _____

6 My uncle <u>will to build</u> a new house. 나의 삼촌은 새집을 한 채 지으실 것이다.

→ _____

7 I <u>will going</u> to bed early tonight. 나는 오늘 밤에 일찍 잠자리에 들 것이다.

→ _____

8 They <u>will go not</u> hiking with us. 그들은 우리와 함께 하이킹하러 가지 않을 것이다.

→ _____

9 Andy's friends <u>won't not swim</u> in the sea. Andy의 친구들은 바다에서 수영하지 않을 것이다.

→ _____

10 Those guys <u>will be not</u> late. 그 남자들은 늦지 않을 것이다.

→ _____

Step **3** 친구들의 새해 결심을 나타낸 표입니다. 표를 보고, **will / won't**를 사용해 문장을 완성하세요.

	Jason	Anna	Brad
할 것	• lose weight • go to Spain • learn *Taekwondo*	• keep a diary • read a few novels • take piano lessons	• drink much water • clean my room every day • plant a few trees
하지 않을 것	• play mobile games	• drink Coke	• have sweets

1 Jason _____ weight.

2 Jason _____ Spain.

3 Jason _____ *Taekwondo*.

4 Jason _____ mobile games.

5 Anna _____ a diary.

6 Anna _____ a few novels.

7 Anna _____ piano lessons.

8 Anna _____ Coke.

9 Brad _____ much water.

10 Brad _____ his room every day.

11 Brad _____ a few trees.

12 Brad _____ sweets.

1. Louis ⬜⬜⬜ this town.

2. The bookstore ⬜⬜ next month.

3. The people ⬜⬜ the subway.

4. He ⬜⬜ a boat with Diana.

5. ⬜⬜⬜ tomorrow morning.

6. Our team ⬜⬜ the game.

7. Victoria ⬜⬜⬜ to the dentist.

8. Emma ⬜⬜ her cousin at the airport.

9. My uncle ⬜⬜ a new house.

10. Those guys ⬜⬜⬜ late.

3. will 의문문 / 4. 의문사 + will 의문문

Step 1   괄호 안에 주어진 말과 **will**을 사용해 문장을 완성하세요.

1 _____ the game _____ before nine? (end)
경기가 9시 전에 끝날까?

2 _____ _____ Kathy _____ this weekend? (where, go)
Kathy가 이번 주말에 어디에 갈 거니?

3 _____ _____ _____ the drums at the party? (who, play)
누가 파티에서 드럼을 연주할 거니?

4 _____ _____ you _____ on this paper? (what, draw)
너는 이 종이에 무엇을 그릴 거니?

5 _____ your friend _____ the tennis lesson? (take)
너의 친구가 테니스 수업을 들을 거니?

6 _____ _____ your parents _____ you? (when, call)
너희 부모님께서 언제 너에게 전화하실 거니?

7 _____ they _____ late for the yoga class? (be)
그들이 요가 수업에 늦을까?

8 _____ Nick _____ to school by subway? (go)
Nick이 지하철로 학교에 갈 거니?

9 _____ _____ the man _____ the ladder? (how, fix)
그 남자가 어떻게 사다리를 고칠 거니?

10 _____ _____ _____ us for the game? (who, join)
경기를 위해 누가 우리와 함께 할 거니?

Step **2** 밑줄 친 부분을 바르게 고쳐 문장을 다시 쓰세요.

1 **Will be it** sunny on Thursday? 목요일에 날씨가 맑을까?

➡ _____

2 **Who do the dishes will** after dinner? 저녁 식사 후에 누가 설거지를 할까?

➡ _____

3 **Will you where do** your homework? 너는 숙제를 어디에서 할 거니?

➡ _____

4 **How long she will stay** in Canada? 그녀가 캐나다에서 얼마나 오래 머무를 거니?

➡ _____

5 **When will the boy meets** his friend? 그 소년은 언제 자기 친구를 만날 거니?

➡ _____

6 **Will arrive you** here before 4 p.m.? 너는 여기에 오후 4시 전에 도착할 거니?

➡ _____

7 **When the baby will go** to sleep? 그 아기는 언제 잠자리에 들 거니?

➡ _____

8 **What wear will you** for the party? 너는 파티에 무엇을 입을 거니?

➡ _____

9 **Will who clean** the living room? 누가 거실을 청소할 거니?

➡ _____

10 **How you will go** to the city? 너는 그 도시에 어떻게 갈 거니?

➡ _____

Step 3 친구들의 다음 달 계획표를 보고, 대화의 빈칸에 알맞은 말을 쓰세요.

Lily	Tony	Jane
• visit my aunt	• travel to Russia	• learn Japanese
• by bus	• by airplane	• at school
• for two weeks	• for ten days	• on July 22nd

Lily

1 **A:** What _____ Lily _____ next month? **B:** She will visit her aunt.

2 **A:** _____ _____ _____ go there? **B:** She will go there by bus.

3 **A:** _____ _____ _____ she stay there?

B: She will stay there for two weeks.

Tony

4 **A:** Where _____ Tony _____ next month? **B:** He will travel to Russia.

5 **A:** _____ _____ _____ go to Russia?

B: He will go there by airplane.

6 **A:** _____ _____ _____ he stay there?

B: He will stay there for ten days.

Jane

7 **A:** What _____ Jane do next month? **B:** She will learn Japanese.

8 **A:** _____ _____ she _____ Japanese? **B:** She will learn it at school.

9 **A:** _____ _____ the Japanese class _____ ?

B: It will begin on July 22nd.

1. _____ the game _____ before nine?

2. _____ _____ _____ the drums at the party?

3. _____ _____ you _____ on this paper?

4. _____ will your parents _____ _____ ?

5. _____ _____ _____ us for the game?

6. _____ _____ _____ sunny on Thursday?

7. How long _____ _____ _____ in Canada?

8. _____ _____ _____ go to the city?

9. _____ _____ Tony travel next month?

10. _____ _____ Jane _____ next month?

Chapter 2

단어 TEST

Type **1** 다음 영단어에 대한 우리말 뜻을 쓰세요.

1	arrive	
2	finish	
3	coat	
4	French	
5	move	
6	invite	
7	borrow	
8	ski	
9	solve	
10	fun	
11	lesson	
12	lose	
13	weight	
14	cloudy	
15	keep	
16	promise	
17	join	
18	volleyball	
19	rose	
20	vacation	
21	choose	
22	sneakers	
23	sandcastle	
24	feed	
25	laptop	

Type **2** 다음 우리말에 해당하는 영단어를 쓰세요.

1	도착하다	
2	끝내다	
3	코트	
4	프랑스어	
5	이사하다, 옮기다	
6	초대하다	
7	빌리다	
8	스키타다; 스키	
9	해결하다	
10	재미있는	
11	수업, 강습	
12	잃다	
13	무게, 몸무게	
14	흐린	
15	지키다, 유지하다	
16	맹세, 약속	
17	함께 하다	
18	배구	
19	장미	
20	방학	
21	선택하다	
22	운동화	
23	모래성	
24	먹이를 주다	
25	노트북 컴퓨터, 랩톱	

1. be going to / 2. be going to 부정문

정답 및 해설 p. 24

Step 1 주어진 말과 be going to를 사용해 문장을 완성하세요.

1 | move → My aunts _____ to a new city.
나의 이모들은 새로운 도시로 이사할 예정이다.

2 | jog → I'm _____ this morning.
나는 오늘 아침에 조깅할 예정이다.

3 | fix → She _____ the bike on the weekend.
그녀는 주말에 그 자전거를 고칠 예정이다.

4 | arrive → The airplane _____ at 7:35.
그 비행기는 7시 35분에 도착할 예정이다.

5 | meet → Sera _____ her friends at the theater.
Sera는 자기 친구들을 극장에서 만날 예정이다.

6 | plant → We _____ trees in the garden.
우리는 정원에 나무를 심을 예정이다.

7 | send → I'm _____ this letter tomorrow.
나는 이 편지를 내일 보낼 예정이다.

8 | start → The game _____ soon.
그 경기는 곧 시작할 예정이다.

9 | finish → He _____ his homework by seven.
그는 숙제를 7시까지 끝낼 예정이다.

10 | have → We _____ a party at Blake's house.
우리는 Blake의 집에서 파티를 할 예정이다.

밑줄 친 부분을 바르게 고쳐 문장을 다시 쓰세요.

1 Luke <u>not is going to read</u> comic books. Luke는 만화책을 읽지 않을 예정이다.

→ _____

2 The children <u>isn't going to eat</u> seafood. 그 아이들은 해산물을 먹지 않을 예정이다.

→ _____

3 We <u>are going to spending</u> a month here. 우리는 여기서 한 달을 보낼 예정이다.

→ _____

4 <u>I'm going buy</u> a gift for my father. 나는 나의 아버지를 위해 선물을 살 예정이다.

→ _____

5 Fred <u>is not going to visits</u> the gallery. Fred는 미술관을 방문하지 않을 예정이다.

→ _____

6 <u>I'll going</u> to call Noah soon. 나는 Noah에게 곧 전화할 예정이다.

→ _____

7 Lisa and Jack <u>are going not to play</u> tennis today.

Lisa와 Jack은 오늘 테니스를 치지 않을 예정이다.

→ _____

8 <u>It's is going to be</u> cloudy this weekend. 이번 주말은 흐릴 예정이다.

→ _____

9 They <u>are going to not listen</u> to music at night. 그들은 밤에 음악을 듣지 않을 예정이다.

→ _____

10 The woman <u>is going to driving</u> to the restaurant. 그 여자는 그 식당에 운전해서 갈 예정이다.

→ _____

Step 3 I와 친구들의 이번 주 계획표를 보고, 빈칸에 알맞은 말을 쓰세요. (be going to를 사용할 것)

	I	Tim	Julia
Mon.	water the plants	·	see a doctor
Tue.	·	go to the library	·
Wed.	watch a movie with Julia	·	watch a movie with me
Thu.	~~skate~~	~~clean his room~~	·
Fri.	·	practice the piano	make some cookies
Sat.	visit my cousin	·	·
Sun.	·	have dinner with Julia	have dinner with Tim

1 I'm _____ _____ _____ the plants this Monday.

2 Tim _____ _____ _____ _____ to the library this Tuesday.

3 Julia _____ _____ _____ _____ a doctor this Monday.

4 Julia and I _____ _____ _____ _____ a movie together this Wednesday.

5 I'm _____ _____ _____ _____ this Thursday.

6 Tim _____ _____ _____ _____ _____ his room this Thursday.

7 Tim _____ _____ _____ _____ the piano this Friday.

8 Julia _____ _____ _____ _____ some cookies this Friday.

9 I'm _____ _____ _____ my cousin this Saturday.

10 Tim and Julia _____ _____ _____ _____ dinner together this Sunday.

🎧 듣기 Mp3

1. ⬜ ⬜ ⬜ jog this morning.

2. The airplane ⬜ ⬜ ⬜ ⬜ at 7:35.

3. We ⬜ ⬜ ⬜ ⬜ trees in the garden.

4. The game ⬜ ⬜ ⬜ soon.

5. Fred is ⬜ ⬜ ⬜ ⬜ the gallery.

6. ⬜ ⬜ ⬜ ⬜ cloudy this weekend.

7. They ⬜ ⬜ ⬜ ⬜ listen to music at night.

8. Julia ⬜ ⬜ ⬜ ⬜ a doctor this Monday.

9. ⬜ ⬜ ⬜ ⬜ skate this Thursday.

10. ⬜ ⬜ ⬜ ⬜ my cousin this Saturday.

3. be going to 의문문 / 4. 의문사 + be going to 의문문

정답 및 해설 p. 25

Step 1 주어진 말과 **be going to**를 사용해 문장을 완성하세요.

1 the guys, sell → _____ flowers here?
그 남자들이 여기서 꽃을 팔 예정이니?

2 what, we, eat → _____ for lunch?
우리는 점심 식사로 무엇을 먹을 예정이니?

3 where, Fiona, stay → _____ in London?
Fiona는 런던에서 어디에 머물 예정이니?

4 he, learn → _____ French during the vacation?
그는 방학 동안 프랑스어를 배울 예정이니?

5 who, fix → _____ the broken fence?
누가 그 망가진 울타리를 고칠 예정이니?

6 how, they, carry → _____ those heavy boxes?
그들이 저 무거운 상자들을 어떻게 나를 예정이니?

7 your parents, take → _____ the ship?
너희 부모님은 배를 타실 예정이니?

8 when, you, study → _____ math?
너는 언제 수학을 공부할 예정이니?

9 Justin, move → _____ to China this year?
Justin이 올해 중국으로 이사할 예정이니?

10 what, you, do → _____ on Christmas Eve?
너는 크리스마스이브에 무엇을 할 예정이니?

1 Is <u>your uncle going to feeding</u> the cows? 너희 삼촌은 소들에게 먹이를 주실 예정이니?

➡ _____

2 <u>Where we are going to wait</u> for Ann? 우리는 어디에서 Ann을 기다릴 예정이니?

➡ _____

3 <u>Is it's going to rain</u> this weekend? 이번 주말에 비가 올 예정이니?

➡ _____

4 <u>Who going is to make</u> cake for them? 누가 그들을 위해 케이크를 만들 예정이니?

➡ _____

5 <u>Are going you to grow</u> potatoes there? 너는 저기에 감자를 기를 예정이니?

➡ _____

6 <u>When your brother is going to come</u> back to Korea? 너의 형은 언제 한국에 돌아올 예정이니?

➡ _____

7 <u>Are the students going visit</u> the museum? 그 학생들은 박물관을 방문할 예정이니?

➡ _____

8 <u>What is Victoria goes to show</u> us? Victoria가 우리에게 무엇을 보여줄 예정이니?

➡ _____

9 <u>Who are going to wear</u> this red dress? 누가 이 빨간색 드레스를 입을 예정이니?

➡ _____

10 <u>Is when he going to take</u> a rest? 그는 언제 휴식을 취할 예정이니?

➡ _____

Step 3 친구들이 내일 하기로 예정된 일을 나타낸 표를 보고, 대화의 빈칸에 알맞은 말을 쓰세요.

Emma	take a yoga class	Betty	buy socks	Jake	go to Seoul
Peter	play chess	Sue	meet her aunt	Cathy	take a walk
Bob	play chess	Sally	ride a bike	Lily	take a walk
Jim	listen to the radio	Tony	play outside	Eva	read the newspaper

1 A: Is Emma _____ _____ _____ a yoga class tomorrow?

B: Yes, she is.

2 A: Is Peter going to listen to the radio tomorrow?

B: No, he _____ .

3 A: _____ Peter and Bob _____ _____ play chess tomorrow?

B: Yes, they are.

4 A: What _____ Betty _____ _____ buy tomorrow?

B: She is going to buy socks.

5 A: _____ Sue _____ _____ _____ her aunt tomorrow?

B: Yes, she is.

6 A: Are Sally and Tony going to go to Seoul tomorrow?

B: No, _____ _____ .

7 A: _____ Tony _____ _____ _____ outside tomorrow?

B: Yes, he is.

8 A: _____ is Jake _____ _____ go tomorrow?

B: He is going to go to Seoul.

9 A: _____ is _____ _____ take a walk tomorrow?

B: Cathy and Lily are going to take a walk.

10 A: _____ is Eva going to do tomorrow?

B: She is going to read the newspaper.

🎧 듣기 Mp3

1. ☐ ☐ ☐ ☐ to eat for lunch?

2. ☐ ☐ ☐ ☐ fix the broken fence?

3. ☐ ☐ ☐ going to study math?

4. What are you ☐ ☐ ☐ on Christmas Eve?

5. ☐ ☐ ☐ ☐ rain this weekend?

6. ☐ ☐ going to ☐ potatoes there?

7. ☐ ☐ Victoria ☐ to show us?

8. Is Emma ☐ ☐ ☐ a yoga class tomorrow?

9. ☐ Peter and Bob ☐ ☐ ☐ chess tomorrow?

10. ☐ ☐ Eva going to ☐ tomorrow?

Chapter 3

단어 TEST

반드시 반을 접어서 사용하세요.

Type 1 다음 영단어에 대한 우리말 뜻을 쓰세요.

1	leave	
2	tie	
3	gallery	
4	pumpkin	
5	bridge	
6	build	
7	jog	
8	help	
9	borrow	
10	bring	
11	hike	
12	boat	
13	diary	
14	novel	
15	bake	
16	cupcake	
17	late	
18	farmer	
19	grass	
20	finish	
21	cereal	
22	gym	
23	use	
24	airport	
25	grade	

Type 2 다음 우리말에 해당하는 영단어를 쓰세요.

1	떠나다, 출발하다	
2	(넥)타이, 끈	
3	미술관	
4	호박	
5	다리, 육교	
6	건설하다, 짓다	
7	조깅하다	
8	돕다	
9	빌리다	
10	가져오다	
11	하이킹하다	
12	배, 보트	
13	일기	
14	소설	
15	(빵을) 굽다	
16	컵케이크	
17	늦게; 늦은	
18	농부	
19	풀	
20	끝내다	
21	시리얼, 곡물	
22	체육관	
23	사용하다	
24	공항	
25	학년, 등급	

Step 1 밑줄 친 부분을 알맞은 비교급으로 고쳐 쓰세요.

1 This house is old. That tree is <u>more old</u>.

이 집은 오래되었다. 저 나무는 더 오래되었다.

➡ _____

2 The moon is bright. The sun is <u>brightter</u>.

달은 밝다. 해는 더 밝다.

➡ _____

3 The white cap is cheap. The red cap is <u>cheapper</u>.

흰 모자는 싸다. 빨간 모자는 더 싸다.

➡ _____

4 The doctor is kind. The nurse is <u>kindder</u>.

의사는 친절하다. 간호사는 더 친절하다.

➡ _____

5 It's difficult. That's <u>difficultier</u>.

그것은 어렵다. 저것은 더 어렵다.

➡ _____

6 The car is fast. The train is <u>more fast</u>.

자동차는 빠르다. 기차는 더 빠르다.

➡ _____

7 I get up early. My brother gets up <u>more early</u>.

나는 일찍 일어난다. 나의 형은 더 일찍 일어난다.

➡ _____

8 The candy is delicious. The chocolate is <u>deliciouser</u>.

사탕은 맛있다. 초콜릿은 더 맛있다.

➡ _____

9 This picture looks nice. That picture looks <u>more nice</u>.

이 그림은 멋져 보인다. 저 그림은 더 멋져 보인다.

➡ _____

10 David is young. His sister is <u>youngger</u>.

David는 어리다. 그의 여동생은 더 어리다.

➡ _____

Step **2** 우리말과 같도록 빈칸에 알맞은 말을 쓰세요.

1 Rosy runs fast. Sandra runs _____.

Rosy는 빨리 달린다. Sandra는 더 빨리 달린다.

2 Henry is happy. His mother is _____.

Henry는 행복하다. 그의 어머니는 더 행복하다.

3 Busan is warm. Jeju-do is _____.

부산은 따뜻하다. 제주도는 더 따뜻하다.

4 We have little time. They have _____ time.

우리는 시간이 거의 없다. 그들은 시간이 더 적다.

5 Andy speaks English well. Andy's teacher speaks English _____.

Andy는 영어를 잘 말한다. Andy의 선생님은 영어를 더 잘 말한다.

6 She walks quickly. He walks _____.

그녀는 빨리 걷는다. 그는 더 빨리 걷는다.

7 These apples are cheap. Those bananas are _____.

이 사과들은 싸다. 저 바나나들은 더 싸다.

8 The lake is wide. The river is _____.

그 호수는 넓다. 그 강은 더 넓다.

9 My socks are dirty. My shoes are _____.

내 양말은 더럽다. 내 신발은 더 더럽다.

10 I need much sugar. She needs _____ sugar.

나는 설탕이 많이 필요하다. 그녀는 설탕이 더 많이 필요하다.

11 Harry's voice is low. Peter's voice is _____.

Harry의 목소리는 낮다. Peter의 목소리는 더 낮다.

12 This soup tastes good. That soup tastes _____.

이 수프는 맛이 좋다. 저 수프는 맛이 더 좋다.

Step **3** 두 가지를 비교하는 표를 보고, 괄호 안의 말을 사용해 빈칸을 채우세요.

apple < melon	movie < book	box < backpack	silver < gold
tiger < cheetah	shirt < blouse	truck < bus	monkey < dolphin
mom < dad	cup < glass	horse < turtle	gloves < socks

1 Apples are _____. Melons are _____. (sweet)

2 The movie is _____. The book is _____. (funny)

3 This box is _____. That backpack is _____. (heavy)

4 Silver is _____. Gold is _____. (expensive)

5 A tiger runs _____. A cheetah runs _____. (fast)

6 This shirt is _____. That blouse is _____. (pretty)

7 The truck is _____. The bus is _____. (big)

8 A monkey is _____. A dolphin is _____. (smart)

9 My mom is _____. My dad is _____. (busy)

10 This cup is _____. That glass is _____. (light)

11 A horse lives _____. A turtle lives _____. (long)

12 These gloves are _____. Those socks are _____. (cheap)

1. The moon is   . The sun is   .

2. The white cap is   . The red cap is   .

3. The car is   . The train is   .

4. This picture looks   . That picture looks   .

5. We have   time. They have   time.

6. The lake is   . The river is   .

7. Harry's voice is   . Peter's voice is   .

8. This soup tastes   . That soup tastes   .

9. My mom is   . My dad is   .

10. A horse lives   . A turtle lives   .

Step 1   밑줄 친 부분을 바르게 고쳐 문장을 다시 쓰세요.

1 My sister drinks <u>little water than</u> me. 나의 언니는 나보다 물을 더 적게 마신다.

➡ _____

2 Dolphins <u>faster swim than</u> turtles. 돌고래는 바다거북보다 더 빨리 수영한다.

➡ _____

3 <u>The bakery closes earlier than the post office.</u> 우체국은 빵집보다 더 이르게 문을 닫는다.

➡ _____

4 The tennis match was <u>more exciting</u> the volleyball match.
테니스 시합은 배구 시합보다 더 흥미진진했다.

➡ _____

5 The Eiffel Tower is <u>high than</u> this building. 에펠 탑은 이 건물보다 더 높다.

➡ _____

6 Bears are <u>stronger</u> lions. 곰은 사자보다 더 힘이 세다.

➡ _____

7 Mobile games are <u>much interesting than</u> computer games.
모바일 게임은 컴퓨터 게임보다 더 재미있다.

➡ _____

8 Brad speaks Korean <u>well than</u> Eddie. Brad는 Eddie보다 한국말을 더 잘한다.

➡ _____

Step 2   괄호 안의 말을 바르게 배열해 문장을 완성하세요. (반드시 **than**을 추가할 것)

1 (more / Olivia's song / famous / is / Amy's book) Olivia의 노래는 Amy의 책보다 더 유명하다.

➡ _____

2 (the question / quickly / me / answered / he / more) 그는 그 질문에 나보다 더 빨리 대답했다.

➡ _____

3 (is / orange juice / strawberry juice / sweeter) 딸기주스는 오렌지주스보다 더 달다.

➡ _____

4 (Jessica's / more / my umbrella / colorful / is)
나의 우산은 Jessica의 우산보다 더 알록달록하다.

➡ _____

5 (are / those flowers / prettier / these flowers) 이 꽃들은 저 꽃들보다 더 예쁘다.

➡ _____

6 (Daisy / speaks / Julia / louder) Julia는 Daisy보다 더 크게 말한다.

➡ _____

7 (higher / birds / airplanes / fly) 비행기는 새보다 더 높이 난다.

➡ _____

8 (more / Tommy / has / Sophia / friends) Sophia는 Tommy보다 친구가 더 많다.

➡ _____

9 (careful / more / Sean / his brother / is) Sean은 자기 형보다 더 조심스럽다.

➡ _____

10 (the piano / the violin / Daniel / plays / better) Daniel은 피아노를 바이올린보다 더 잘 연주한다.

➡ _____

Step **3** 두 가지를 비교하는 표를 보고, 괄호 안의 말을 사용해 빈칸을 채우세요.

Carol < Lydia	bike < car	my sister < I
music < history	Korea < China	cup < bottle
fish < monkey	brown < black	money < health
book < magazine	dog < pig	Jack < his father

1 Lydia goes to bed _____ _____ Carol. (early)

2 History is _____ _____ _____ music. (boring)

3 Monkeys are _____ _____ fish. (smart)

4 That magazine is _____ _____ this book. (thin)

5 A car is _____ _____ _____ a bike. (expensive)

6 China is _____ _____ Korea. (large)

7 Black is _____ _____ brown. (dark)

8 The pig is _____ _____ the dog. (fat)

9 I come home _____ _____ my sister. (late)

10 The bottle is _____ _____ the cup. (heavy)

11 Health is _____ _____ _____ money. (important)

12 Jack's father is _____ _____ Jack. (wise)

1. My sister drinks [____] water [____] me.

2. The post office closes [____] [____] the bakery.

3. The tennis match was [____] [____] [____] the volleyball match.

4. He answered the question [____] [____] [____] me.

5. Strawberry juice is [____] [____] orange juice.

6. Julia speaks [____] [____] Daisy.

7. Daniel plays the piano [____] [____] the violin.

8. That magazine is [____] [____] this book.

9. Black is [____] [____] brown.

10. Jack's father is [____] [____] Jack.

Chapter 4

단어 TEST

○ 반드시 반을 접어서 사용하세요.

Type 1 다음 영단어에 대한 우리말 뜻을 쓰세요.

1	short	
2	wise	
3	late	
4	easy	
5	early	
6	fat	
7	famous	
8	interesting	
9	thin	
10	weak	
11	exciting	
12	smart	
13	wide	
14	boring	
15	important	
16	thick	
17	lazy	
18	giraffe	
19	magazine	
20	cheap	
21	low	
22	swing	
23	mine	
24	worse	
25	sweet	

Type 2 다음 우리말에 해당하는 영단어를 쓰세요.

1	짧은	
2	현명한	
3	늦은; 늦게	
4	쉬운	
5	이른; 일찍	
6	살이 찐	
7	유명한	
8	흥미로운	
9	얇은, 가는	
10	약한	
11	흥미진진한	
12	똑똑한	
13	넓은	
14	지루한	
15	중요한	
16	두꺼운	
17	게으른	
18	기린	
19	잡지	
20	값이 싼	
21	낮은	
22	그녀	
23	나의 것	
24	더 나쁜	
25	단, 달콤한	

1. 최상급(1) / 2. 최상급(2)

정답 및 해설 p. 27

Step 1 우리말 뜻과 같도록 주어진 말을 사용해 문장을 완성하세요.

1 dirty → My room is _____ in my house.
우리 집에서 나의 방이 가장 더럽다.

2 hard → Alice studies English _____.
Alice는 영어를 가장 열심히 공부한다.

3 large → It is _____ gym in the city.
그것은 도시에서 가장 큰 체육관이다.

4 difficult → It is _____ language in the world.
그것은 세계에서 가장 어려운 언어이다.

5 helpful → That book is _____ of the five.
저 책은 다섯 중에 가장 도움이 된다.

6 soft → This is _____ cake in the shop.
이것은 가게에서 가장 부드러운 케이크이다.

7 young → My sister is _____ in my family.
내 여동생은 가족 중 가장 어리다.

8 lucky → Jonathan is _____ guy in this town.
Jonathan은 이 마을에서 가장 운 좋은 남자이다.

9 interesting → That was _____ match for us.
그것은 우리에게 가장 재미있는 시합이었다.

10 popular → They are _____ singers in Korea.
그들은 한국에서 가장 인기 있는 가수이다.

11 wide → It is _____ river in the world.
그것은 세계에서 가장 폭넓은 강이다.

12 good → Spring is _____ season for camping.
봄은 캠핑하기에 가장 좋은 계절이다.

1 Tom has short hair. Tom은 머리가 짧다(→ 가장 짧다).

➡ _____

2 This stick is thin. 이 막대기는 가늘다(→ 가장 가늘다).

➡ _____

3 This blouse is colorful. 이 블라우스는 알록달록하다(→ 가장 알록달록하다).

➡ _____

4 It's an old building in the city. 그것은 도시에서 오래된(→ 가장 오래된) 건물이다.

➡ _____

5 I go to bed early. 나는 일찍(→ 가장 일찍) 잠자리에 든다.

➡ _____

6 That is a pretty hat. 저것은 예쁜(→ 가장 예쁜) 모자이다.

➡ _____

7 That's a wonderful house in the town. 저것은 동네에서 멋진(→ 가장 멋진) 집이다.

➡ _____

8 He is a rich man. 그는 부유한(→ 가장 부유한) 남자다.

➡ _____

9 My brother eats quickly. 나의 형은 빨리(→ 가장 빨리) 먹는다.

➡ _____

10 It was an easy test. 그것은 쉬운(→ 가장 쉬운) 테스트였다.

➡ _____

Step 3 괄호 안의 말을 사용해 최상급 문장을 완성하세요.

1 Lena's car is _____ . (nice)

Lena의 자동차가 가장 멋지다.

2 Fred is _____ boy in his class. (tall)

Fred는 반에서 가장 키가 큰 소년이다.

3 Jane has _____ hair. (long)

Jane은 가장 긴 머리를 가지고 있다.

4 Ryan is _____ man in the village. (brave)

Ryan은 마을에서 가장 용감한 남자다.

5 Linda reads _____ book in her class. (interesting)

Linda는 반에서 가장 흥미로운 책을 읽는다.

6 The black bottle is _____ of the five. (heavy)

그 검은 병은 다섯 중 가장 무겁다.

7 The building is _____ in the town. (high)

그 건물은 동네에서 가장 높다.

8 My house is _____ to the school. (near)

나의 집은 학교에서 가장 가깝다.

9 The yellow sneakers are _____ in the store. (expensive)

그 노란 운동화는 가게에서 가장 비싸다.

10 Today is _____ of this month. (hot)

오늘은 이달 중 가장 덥다.

11 Danny looks _____ of all the boys. (happy)

Danny는 모든 소년들 중 가장 행복해보인다.

12 Eva is _____ of the workers. (busy)

Eva는 직원들중 가장 바쁘다.

1. My room is ☐☐☐☐ ☐☐☐☐ in my house.

2. It is ☐☐☐☐ ☐☐☐☐ gym in the city.

3. It is ☐☐☐☐ ☐☐☐☐ ☐☐☐☐ language in the world.

4. My sister is ☐☐☐☐ ☐☐☐☐ in my family.

5. It is ☐☐☐☐ ☐☐☐☐ river in the world.

6. Tom has ☐☐☐☐ ☐☐☐☐ hair.

7. This stick is ☐☐☐☐ ☐☐☐☐ .

8. That is ☐☐☐☐ ☐☐☐☐ hat.

9. He is ☐☐☐☐ ☐☐☐☐ man.

10. My house is ☐☐☐☐ ☐☐☐☐ to the school.

DAY 15 소유격 + 최상급

Step 1 밑줄 친 부분을 바르게 고쳐 문장을 다시 쓰세요.

1 This is <u>the my oldest</u> jacket. 이것은 나의 가장 낡은 재킷이다.

→ _____

2 We have <u>most our important</u> meeting today. 오늘 우리는 우리의 가장 중요한 회의가 있다.

→ _____

3 This is <u>most comfortable their</u> sofa. 이것은 그들의 가장 편안한 소파이다.

→ _____

4 That was <u>worst their</u> movie. 그것은 그들의 가장 형편없는 영화였다.

→ _____

5 Is that <u>his most heavy</u> backpack? 저것이 그의 가장 무거운 배낭이니?

→ _____

6 It is <u>the most famous her</u> song. 그것은 그녀의 가장 유명한 노래다.

→ _____

7 Who is <u>closest your</u> friend? 너의 가장 가까운 친구는 누구니?

→ _____

8 When was <u>their most good</u> trip? 그들의 가장 최고의 여행은 언제였니?

→ _____

9 These are <u>the best my</u> books of the year. 이것들은 올해 나의 최고의 책들이다.

→ _____

10 Please show me <u>most your funny</u> photo. 너의 가장 재미난 사진을 보여줘.

→ _____

1 (is / our / map / this / useful / most) 이것은 우리의 가장 유용한 지도이다.

➡ _____

2 (their / she / bravest / player / is) 그녀는 그들의 가장 용감한 선수이다.

➡ _____

3 (youngest / he / is / cousin / their) 그는 그들의 가장 어린 사촌이다.

➡ _____

4 (was / what / story / most / interesting / his) 그의 가장 재미있는 이야기는 무엇이었니?

➡ _____

5 (my / news / is / this / latest) 이것은 나의 가장 최근의 소식이다.

➡ _____

6 (most / game / was / their / exciting / when) 그들의 가장 흥미진진한 경기는 언제였니?

➡ _____

7 (cutest / is / cat / Hayley / my) Hayley는 나의 가장 귀여운 고양이다.

➡ _____

8 (pencil / your / is / what / cheapest) 너의 가장 싼 연필은 무엇이니?

➡ _____

9 (kindest / is / teacher / their / who) 그들의 가장 친절한 선생님은 누구시니?

➡ _____

10 (most / soccer ball / is / your / what / expensive) 너의 가장 비싼 축구공은 무엇이니?

➡ _____

Step 3 식당에 대한 만족도를 별점으로 나타낸 표입니다. 표를 보고, 괄호 안의 말을 사용해 빈칸을 채우세요.

	맛	인기	청결함	친절함	규모	종합
Joe's	★☆	★	☆	★	★★★	★★
Olivia's	★★★	★★★	★★★	★★★	★	★★★
Lucy's	☆	★	★★	★★	★★	★

1 The food in Olivia's is _____ _____ _____. (delicious)

2 The food in Lucy's is _____ _____. (bad)

3 Olivia's is _____ _____ _____ of the three. (popular)

4 Olivia's is _____ _____ of the three. (clean)

5 Joe's is _____ _____ of the three. (dirty)

6 The clerks in Olivia's are _____ _____. (kind)

7 Joe's is _____ _____ of the three. (large)

8 Olivia's is _____ _____ of the three. (small)

9 Olivia's is _____ _____ of the three. (good)

10 Lucy's is _____ _____ of the three. (bad)

1. We have _____ _____ _____ meeting today.

2. That was _____ _____ movie.

3. It is _____ _____ _____ song.

4. Who is _____ _____ friend?

5. This is _____ _____ _____ map.

6. He is _____ _____ cousin.

7. What was _____ _____ _____ story?

8. Who is _____ _____ teacher?

9. Olivia's is _____ _____ of the three.

10. Olivia's is _____ _____ of the three.

Chapter 5

단어 TEST

Type 1 다음 영단어에 대한 우리말 뜻을 쓰세요.

1	famous	
2	quickly	
3	violinist	
4	actress	
5	country	
6	wise	
7	map	
8	village	
9	great	
10	picture	
11	meeting	
12	exciting	
13	close	
14	brave	
15	gallery	
16	thin	
17	actor	
18	sweet	
19	refrigerator	
20	loudly	
21	restaurant	
22	cousin	
23	among	
24	high	
25	mountain	

Type 2 다음 우리말에 해당하는 영단어를 쓰세요.

1	유명한	
2	빠르게, 빨리	
3	바이올린 연주자	
4	여자 배우	
5	나라	
6	현명한	
7	지도	
8	마을	
9	훌륭한	
10	사진, 그림	
11	회의	
12	흥미진진한	
13	가까운	
14	용감한	
15	미술관	
16	얇은	
17	남자 배우	
18	달콤한, 단	
19	냉장고	
20	시끄럽게, 크게	
21	식당, 음식점	
22	사촌	
23	~ 중에서	
24	높은	
25	산	

DAY 17
1. 접속사 / 2. and, but, or, because

밑줄 친 부분을 바르게 고쳐 문장을 다시 쓰세요.

1 Mia likes butterflies, <u>or</u> she doesn't like spiders. Mia는 나비를 좋아하지만, 그녀는 거미를 좋아하지 않는다.

➡ _____

2 Fred washed some vegetables <u>but</u> fruit. Fred는 채소와 과일을 좀 씻었다.

➡ _____

3 I like summer <u>but</u> I can swim in the sea. 나는 여름을 좋아하는데, 바다에서 수영할 수 있기 때문이다.

➡ _____

4 They will watch movies <u>because</u> read comic books. 그들은 영화를 보거나 또는 만화책을 읽을 것이다.

➡ _____

5 Nick sings well, <u>or</u> he doesn't dance well. Nick은 노래를 잘 부르지만, 그는 춤은 잘 추지 못한다.

➡ _____

6 We will go there by taxi <u>and</u> by subway. 우리는 택시로 또는 지하철로 거기에 갈 것이다.

➡ _____

7 We are going back home <u>but</u> it's raining. 우리는 집으로 돌아가는 중인데, 비가 오고 있기 때문이다.

➡ _____

8 Catherine walked to the station <u>but</u> she took the train.
Catherine은 걸어서 역에 갔고 기차를 탔다.

➡ _____

9 I went there, <u>and</u> I couldn't see the event. 나는 거기에 갔었지만, 그 행사를 볼 수 없었다.

➡ _____

10 Ted will buy some gifts <u>and</u> Christmas is coming.
Ted는 선물을 좀 살 것인데, 크리스마스가 다가오고 있기 때문이다.

➡ _____

Step 2 우리말 뜻과 같도록 빈칸에 알맞은 접속사를 쓰세요.

1 I got up one hour ago _____ washed my face.

나는 한 시간 전에 일어났고 세수했다.

2 It was so cold, _____ she didn't wear a coat.

날씨가 매우 추웠지만, 그녀는 코트를 입지 않았다.

3 Kevin stayed at home _____ watched TV yesterday.

Kevin은 어제 집에 머물렀고 TV를 봤다.

4 Susie _____ Jack will call you tomorrow.

Susie 또는 Jack이 내일 너에게 전화할 것이다.

5 Mr. Green is rich, _____ he is not happy.

Green 씨는 부유하지만, 그는 행복하지 않다.

6 I didn't go to school _____ I was sick.

나는 학교에 가지 않았는데, 내가 아팠기 때문이었다.

7 We are hungry _____ thirsty.

우리는 배가 고프고 목마르다.

8 Last night, Henry went to bed early _____ he was so tired.

어젯밤에 Henry는 일찍 잠자리에 들었는데, 그가 매우 피곤했기 때문이었다.

Step 3 괄호 안의 말을 바르게 배열해 문장을 완성하세요.

1 (because / cloudy / I / my umbrella / it was / brought)

나는 내 우산을 가져왔는데, 날씨가 흐렸기 때문이었다.

➡ _____

2 (or / eat / pizza / will / Ellen / spaghetti) Ellen은 피자 또는 스파게티를 먹을 것이다.

➡ _____

3 (a pilot / is / a cook / and / is / my mom / my dad) 나의 아빠는 조종사이시고 엄마는 요리사이시다.

➡ _____

4 (Laura / with / Jim / the museum / I / and / visited) 나는 Jim과 Laura와 함께 박물관을 방문했다.

➡ _____

5 (here / tomorrow / they / or / come / tonight / will) 그들은 오늘 밤 또는 내일 여기 올 것이다.

➡ _____

6 (it's / my sunglasses / brought / because / sunny / I) 나는 선글라스를 가져왔는데, 날씨가 맑기 때문이다.

➡ _____

7 (have / or / juice / you / do / some water) 너는 물 또는 주스가 좀 있니?

➡ _____

8 (but / me / know / I / Mr. Robin / know / he / doesn't) 나는 Robin 씨를 알지만, 그는 나를 알지 못한다.

➡ _____

9 (often wears / and / Peter / blue shirts / black pants) Peter는 파란 셔츠와 검은 바지를 자주 입는다.

➡ _____

10 (she / it / too expensive / buy / the cake / was / because / didn't)

그녀는 그 케이크를 사지 않았는데, 그것이 너무 비쌌기 때문이었다.

➡ _____

1. I like summer ☐ ☐ ☐ ☐ in the sea.

2. Nick sings well, ☐ ☐ ☐ ☐ well.

3. We will go there by taxi ☐ ☐ ☐ .

4. We are going back home ☐ ☐ ☐ .

5. I got up one hour ago ☐ ☐ ☐ ☐ .

6. Susie ☐ Jack ☐ ☐ ☐ tomorrow.

7. I didn't go to school ☐ ☐ ☐ ☐ .

8. They will come here ☐ ☐ ☐ .

9. I brought my sunglasses ☐ ☐ ☐ .

10. Peter ☐ ☐ blue shirts ☐ black pants.

3. 명령문 + and / or

Step 1 빈칸에 **and** 또는 **or**를 쓰세요.

1 Do your best, _____ your parents will be happy.
최선을 다해라, 그러면 너의 부모님이 기뻐하실 것이다.

2 Come home early, _____ you'll miss an exciting game.
집에 일찍 와라, 그러지 않으면 흥미진진한 경기를 놓칠 것이다.

3 Go to bed early, _____ you'll be too tired.
일찍 잠자리에 들어라, 그러지 않으면 너무 피곤할 것이다.

4 Run faster, _____ you'll catch the bus.
더 빨리 뛰어라, 그러면 버스를 탈 수 있을 것이다.

5 Be careful, _____ you'll fall into the water.
조심해라, 그러지 않으면 물에 빠질 것이다.

6 Put on the gloves, _____ your hands will get dirty.
장갑을 껴라, 그러지 않으면 손이 더러워질 것이다.

7 Turn right, _____ you'll see the bus stop.
오른쪽으로 돌아라, 그러면 버스정류장이 보일 것이다.

8 Dry your hair, _____ you'll feel cold.
머리를 말려라, 그러지 않으면 추울 것이다.

9 Look at the sky, _____ you'll see the moon.
하늘을 봐라, 그러면 달이 보일 것이다.

10 Take the taxi, _____ you'll get there in time.
택시를 타라, 그러면 제시간에 거기에 갈 것이다.

Step 2 괄호 안의 말을 바르게 배열해 문장을 완성하세요. (반드시 콤마와 접속사를 추가할 것)

1 (feel / a shower / you'll / take / better) 샤워해라, 그러면 기분이 더 나아질 것이다.

➡ _____ .

2 (you'll / more vegetables / healthier / eat / be) 채소를 더 많이 먹어라, 그러면 더 건강해질 것이다.

➡ _____ .

3 (the key / won't / your room / find / clean / you)
방을 치워라, 그러지 않으면 그 열쇠를 찾지 못할 것이다.

➡ _____ .

4 (be / for the class / hurry / you'll / up / late) 서둘러라, 그렇지 않으면 수업에 늦을 것이다.

➡ _____ .

5 (see / go / the bakery / straight / you'll) 직진해라, 그러면 빵집이 보일 것이다.

➡ _____ .

6 (I'll / do / the movie / your homework / show / now / you)
지금 숙제해라, 그러면 내가 너에게 영화를 보여줄 것이다.

➡ _____ .

7 (be / a nap / take / you'll / sleepy) 낮잠을 자라, 그러지 않으면 졸릴 것이다.

➡ _____ .

8 (it / help / more quickly / she'll / your mom / finish)
엄마를 도와드려라, 그러면 그녀가 그것을 더 빨리 끝낼 것이다.

➡ _____ .

9 (miss / the bus / walk / you'll / faster) 더 빨리 걸어라, 그러지 않으면 버스를 놓칠 것이다.

➡ _____ .

10 (go up / the ladder / you / to the roof / can't / use)
사다리를 사용해라, 그렇지 않으면 지붕으로 올라갈 수 없다.

➡ _____ .

Step 3 다음 그림을 보고, 알맞게 명령문을 완성하세요.

1	put	×	6	go	×
2	help	○	7	wash	○
3	study	○	8	hurry	×
4	take	×	9	do	○
5	listen	○	10	be	×

(○: 동작을 하는 경우 / ×: 동작을 하지 않는 경우)

1 _____ on your jacket, _____ you'll feel cold.

2 _____ them, _____ they'll finish the work quickly.

3 _____ hard, _____ you'll get a good grade.

4 _____ your umbrella, _____ you'll get wet in the rain.

5 _____ to the music, _____ you'll feel better.

6 _____ there right now, _____ you won't meet Gloria.

7 _____ your hands, _____ I'll give you some snacks.

8 _____ up, _____ you won't get there in time.

9 _____ your homework now, _____ you can watch TV.

10 _____ careful, _____ you'll drop the bottle.

DAY 18 듣고 받아쓰기 ☉ **Day 18**에서 공부한 내용 중, 10개의 문장을 듣고 써보세요.

🎧 듣기 Mp3

1.　　　　　 your best, 　　　　　 your parents will be happy.

2.　　　　　 to bed early, 　　　　　 you'll be too tired.

3.　　　　　 faster, 　　　　　 you'll catch the bus.

4.　　　　　 careful, 　　　　　 you'll fall into the water.

5.　　　　　 right, 　　　　　 you'll see the bus stop.

6.　　　　　 a shower, 　　　　　 you'll feel better.

7.　　　　　 up, 　　　　　 you'll be late for the class.

8.　　　　　 straight, 　　　　　 you'll see the bakery.

9.　　　　　 to the music, 　　　　　 you'll feel better.

10.　　　　　 careful, 　　　　　 you'll drop the bottle.

◎ 반드시 반을 접어서 사용하세요.

Type 1 다음 영단어에 대한 우리말 뜻을 쓰세요.

1	sunflower	
2	designer	
3	thirsty	
4	pear	
5	artist	
6	pilot	
7	full	
8	slice	
9	regularly	
10	miss	
11	hurt	
12	right	
13	straight	
14	voice	
15	stomachache	
16	soap	
17	noisy	
18	drop	
19	fresh	
20	air	
21	hurry	
22	lose	
23	press	
24	raincoat	
25	helpful	

Type 2 다음 우리말에 해당하는 영단어를 쓰세요.

1	해바라기	
2	디자이너	
3	목마른	
4	(서양) 배	
5	예술가	
6	조종사, 파일럿	
7	배가 부른	
8	(얇은) 조각	
9	규칙적으로	
10	놓치다	
11	다친, 아픈	
12	오른쪽	
13	똑바로, 곧게	
14	목소리	
15	배탈, 복통	
16	비누	
17	시끄러운	
18	떨어트리다	
19	신선한, 상쾌한	
20	공기	
21	서두르다	
22	지다, 잃다	
23	누르다	
24	비옷	
25	도움 되는	

1. be동사 부가의문문 / 2. 일반동사 부가의문문

정답 및 해설 p. 29

Step 1 대화의 빈칸에 알맞은 대답을 쓰세요.

1 A: Beth was sick last week, wasn't she? Beth는 지난주에 아팠어, 그렇지 않니?
B: No, she _____. 아니, 그렇지 않아.

2 A: The boys weren't noisy, were they? 그 소년들은 시끄럽지 않았어, 그렇지?
B: Yes, they _____. 아니, 그래.

3 A: You and your sister don't watch TV at night, do you?
너와 너의 누나는 밤에 TV를 보지 않아, 그렇지?
B: No, we _____. 응, 그렇지 않아.

4 A: His mother doesn't like fish, does she? 그의 어머니는 생선을 좋아하지 않아, 그렇지?
B: Yes, she _____. 아니, 그래.

5 A: The music is great, isn't it? 음악이 훌륭해, 그렇지 않니?
B: No, it _____. 아니, 그렇지 않아.

6 A: These monkeys are smart, aren't they? 이 원숭이들은 똑똑해, 그렇지 않니?
B: Yes, they _____. 응, 그래.

7 A: You didn't buy the white sneakers, did you? 너는 그 흰 운동화를 사지 않았어, 그렇지?
B: No, I _____. 응, 그렇지 않아.

8 A: This backpack is not yours, is it? 이 배낭은 너의 것이 아니야, 그렇지?
B: Yes, it _____. 아니, 그래.

9 A: It's windy outside, isn't it? 밖에 바람이 많이 불어, 그렇지 않니?
B: No, it _____. 아니, 그렇지 않아.

10 A: Ms. Davis worked at a bank, didn't she? Davis 씨는 은행에서 일했었어, 그렇지 않니?
B: No, she _____. 아니, 그렇지 않아.

밑줄 친 부분을 바르게 고쳐 쓰세요.

1 Henry runs so fast, <u>does</u> he?
Henry는 빨리 달려, 그렇지 않니?
➡ _____

2 It's Wednesday today, <u>is</u> it?
오늘은 수요일이야, 그렇지 않니?
➡ _____

3 The hospital was near the school, <u>didn't</u> it?
그 병원은 학교 근처에 있었어, 그렇지 않니?
➡ _____

4 Kelly doesn't wear glasses, <u>is</u> she?
Kelly는 안경을 쓰지 않아, 그렇지?
➡ _____

5 These roses are beautiful, <u>weren't</u> they?
이 장미들은 예뻐, 그렇지 않니?
➡ _____

6 Brian doesn't live in New York, <u>is</u> he?
Brian은 뉴욕에 살지 않아, 그렇지?
➡ _____

7 You're not busy today, <u>do</u> you?
너는 오늘 바쁘지 않아, 그렇지?
➡ _____

8 They rode a bike yesterday, <u>don't</u> they?
그들은 어제 자전거를 탔어, 그렇지 않니?
➡ _____

9 Those restaurants are famous, <u>do</u> they?
그 식당들은 유명해, 그렇지 않니?
➡ _____

10 You always have breakfast at seven, <u>are</u> you?
너는 항상 7시에 아침 식사를 해, 그렇지 않니?
➡ _____

Step 3 빈칸에 알맞은 부가의문문을 쓰세요.

1 You didn't drink milk, _____ _____?

너는 우유를 마시지 않았어, 그렇지?

2 They bought the T-shirts here, _____ _____?

그들은 여기서 그 티셔츠들을 샀어, 그렇지 않니?

3 He's not busy now, _____ _____?

그는 지금 바쁘지 않아, 그렇지?

4 Your sister doesn't wear that dress, _____ _____?

너의 언니는 저 드레스를 입지 않아, 그렇지?

5 It's sunny today, _____ _____?

오늘 날씨가 맑아, 그렇지 않니?

6 Those shoes are not yours, _____ _____?

저 신발은 너의 것이 아니야, 그렇지?

7 Sarah and Tom traveled to Thailand last month, _____ _____?

Sarah와 Tom은 지난 달에 태국으로 여행을 갔었어, 그렇지 않니?

8 The rabbits are cute, _____ _____?

토끼들이 귀여워, 그렇지 않니?

9 The room isn't clean, _____ _____?

그 방은 깨끗하지 않아, 그렇지?

10 His uncle didn't call him, _____ _____?

그의 삼촌이 그에게 전화하지 않았어, 그렇지?

11 Clara's mother is from Spain, _____ _____?

Clara의 어머니는 스페인 출신이야, 그렇지 않니?

12 They enjoy camping, _____ _____?

그들은 캠핑을 즐겨, 그렇지 않니?

DAY 20 듣고 받아쓰기   ✿ **Day 20**에서 공부한 내용 중,
10개의 문장을 듣고 써보세요.

🎧 듣기 Mp3

1. The boys weren't noisy,   ?

2. His mother doesn't like fish,   ?

3. You didn't buy the white sneakers,   ?

4. It's windy outside,   ?

5. Kelly doesn't wear glasses,   ?

6. You're not busy today,   ?

7. You always have breakfast at seven,   ?

8. Those shoes are not yours,   ?

9. His uncle didn't call him,   ?

10. They enjoy camping,   ?

정답 및 해설 p. 29

Step 1 대화의 빈칸에 알맞은 대답을 쓰세요.

1 A: Noah and Lisa won't go fishing tonight, will they?

Noah와 Lisa는 오늘 밤에 낚시하러 가지 않을 거야, 그렇지?

B: _____, they won't. 응, 그러지 않을 거야.

2 A: Wash your sneakers today, will you? 오늘 너의 운동화를 빨아라, 알았지?

B: _____, I will. 응, 그럴 거야.

3 A: Let's make some apple pies, shall we? 애플파이를 좀 만들어 보자, 그럴래?

B: Okay, _____. 좋아, 그러자.

4 A: The flower shop will open next week, won't it?

그 꽃가게는 다음 주에 문을 열 거야, 그렇지 않니?

B: No, it _____. 아니, 그러지 않을 거야.

5 A: Don't wake up the baby, will you? 아기를 깨우지 마라, 알았지?

B: No, I _____. 응, 안 그럴 거야.

6 A: Let's not turn on the radio, shall we? 라디오를 틀지 말자, 그럴래?

B: No, let's _____. 응, 그러지 말자.

7 A: We can't use the gym this week, can we? 우리는 이번 주에 체육관을 사용할 수 없어, 그렇지?

B: Yes, we _____. 아니, 할 수 있어.

8 A: Be quiet in the music room, will you? 음악실에서 조용히 해라, 알았지?

B: Yes, we _____. 응, 그럴 거야.

1 Nicole can't drive a car, <u>will</u> she?

Nicole은 차를 운전할 수 없어, 그렇지?

➡ _____

2 Let's play table tennis, <u>won't you</u>?

탁구하자, 그럴래?

➡ _____

3 Go to bed early, <u>are you</u>?

일찍 잠자리에 들어라, 알았지?

➡ _____

4 They won't buy the car, <u>can</u> they?

그들은 그 차를 사지 않을 거야, 그렇지?

➡ _____

5 Don't be angry, <u>do you</u>?

화내지 마라, 알았지?

➡ _____

6 Let's not swim here, <u>won't you</u>?

여기에서 수영하지 말자, 그럴래?

➡ _____

7 Steve will come to the party, <u>shall</u> he?

Steve는 파티에 올 거야, 그렇지 않니?

➡ _____

8 Those children can speak Japanese, <u>will</u> they?

저 어린이들은 일본어를 말할 수 있어, 그렇지 않니?

➡ _____

9 Take care of your sister, <u>don't you</u>?

네 여동생을 돌봐라, 알았지?

➡ _____

10 You and your parents won't stay at the hotel, <u>won't you</u>?

너와 너의 부모님은 그 호텔에 머무르지 않을 거야, 그렇지?

➡ _____

Step 3　빈칸에 알맞은 부가의문문을 쓰세요.

1 **We can turn on the music here, _____ _____?**
우리는 여기서 음악을 틀 수 있어, 그렇지 않니?

2 **You won't read books at the library, _____ _____?**
너는 책을 도서관에서 읽지 않을 거야, 그렇지?

3 **Let's not have too much sugar, _____ _____?**
설탕을 너무 많이 먹지 말자, 그럴래?

4 **Don't be late for school, _____ _____?**
학교에 늦지 마라, 알았지?

5 **Your sister will buy some balloons, _____ _____?**
너의 언니는 풍선을 좀 살 거야, 그렇지 않니?

6 **Wash your hair, _____ _____?**
머리를 감아라, 알았지?

7 **Let's bake chocolate cookies, _____ _____?**
초콜릿 쿠키를 굽자, 그럴래?

8 **Don't touch the flowers, _____ _____?**
꽃을 만지지 마라, 알았지?

9 **They can't take the yoga class this year, _____ _____?**
그들은 올해 요가 수업을 들을 수 없어, 그렇지?

10 **You and Mike will go hiking next week, _____ _____?**
너와 Mike는 다음 주에 하이킹하러 갈 거야, 그렇지 않니?

🎧 듣기 Mp3

1. Wash your sneakers today, _____ _____ ?

2. Let's make some apple pies, _____ _____ ?

3. We can't use the gym this week, _____ _____ ?

4. Be quiet in the music room, _____ _____ ?

5. They won't buy the car, _____ _____ ?

6. Steve will come to the party, _____ _____ ?

7. We can turn on the music here, _____ _____ ?

8. Let's not have too much sugar, _____ _____ ?

9. Your sister will buy some balloons, _____ _____ ?

10. Don't touch the flowers, _____ _____ ?

Chapter 7

단어 TEST

Type 1 다음 영단어에 대한 우리말 뜻을 쓰세요.

1	ready	
2	spring	
3	call	
4	flour	
5	dentist	
6	usually	
7	scary	
8	healthy	
9	expensive	
10	tired	
11	map	
12	outside	
13	careful	
14	fix	
15	broken	
16	noise	
17	cello	
18	press	
19	French	
20	grade	
21	musician	
22	rest	
23	see	
24	clerk	
25	volume	

Type 2 다음 우리말에 해당하는 영단어를 쓰세요.

1	준비된	
2	봄	
3	전화하다, 부르다	
4	밀가루	
5	치과의사	
6	주로, 대체로	
7	무서운	
8	건강한	
9	비싼	
10	피곤한	
11	지도	
12	밖에, 바깥에	
13	조심하는	
14	고치다, 수리하다	
15	망가진, 부서진	
16	소음	
17	첼로	
18	누르다	
19	프랑스어	
20	학년, 등급	
21	음악가	
22	휴식	
23	보다	
24	점원	
25	(소리의) 볼륨	

It is + 날씨 / 요일 / It is + 날짜 / 시간

Step 1 괄호 안에서 알맞은 말을 고르세요.

1 A: What day is it?
B: (It is / That is) Saturday.

2 A: What's the date?
B: (It's / Its) July 16th.

3 A: How is the weather outside?
B: (It is / It was) raining.

4 A: What time is it?
B: (It's three forty-five. / It's October twenty-first.)

5 A: What is the date?
B: (It / It's) November eighth.

6 A: How's the weather in winter?
B: (Is it cold. / It is cold.)

7 A: What day is it today?
B: (It is / Is it) Tuesday.

8 A: What time is it now?
B: (It's January third. / It's five fifty.)

9 A: What is the date?
B: (This is / It is) March sixteenth.

10 A: How was the weather yesterday?
B: (It is / It was) foggy.

11 A: What day is it?
B: (It's sunny. / It's Monday.)

12 A: What time (it is / is it) now?
B: It's four fifty.

Step 2 우리말 뜻과 같도록 괄호 안의 말을 사용해 문장을 완성하세요.

1 _____ is _____. (Thursday) 오늘 목요일이야.

2 _____ _____ _____ in autumn. (cool) 가을에는 시원해.

3 _____ is _____ _____ now. (eight, o'clock) 지금은 8시 정각이야.

4 _____ is _____ _____ today. (August, ninth) 오늘은 8월 9일이야.

5 What _____ is _____? (day) 무슨 요일이니?

6 _____ was very _____ last winter. (cold) 지난 겨울에 매우 추웠어.

7 _____ is _____ _____ today. (February, twelfth) 오늘은 2월 12일이야.

8 _____ was _____ yesterday. (Monday) 어제는 월요일이었어.

9 _____ _____ _____ outside. (hot) 밖에 더워.

10 _____ _____ _____ yesterday. (Wednesday) 어제는 수요일이었어.

11 _____ is _____ _____. (eleven, o'clock) 11시 정각이야.

12 _____ is _____ _____. (December, twenty-second) 12월 22일이야.

Step 3 친구들이 오늘 날짜, 요일, 날씨를 기록하는 표입니다. 표 내용에 맞게 문장을 완성하세요.

	Nick	Barbara	Charles	Susan
날짜	3월 8일	7월 29일	10월 1일	12월 22일
요일	금요일	목요일	수요일	화요일
날씨	안개	매우 더움	따뜻함	추움

Nick

1 _____ is _____ _____. 3월 8일이다.

2 _____ _____ _____. 금요일이다.

3 _____ is _____. 안개가 껴있다.

Barbara

4 _____ is July _____. 7월 29일이다.

5 _____ _____ _____. 목요일이다.

6 _____ is so _____. 매우 덥다.

Charles

7 _____ is _____ _____. 10월 1일이다.

8 _____ is _____. 수요일이다.

9 _____ _____ _____. 따뜻하다.

Susan

10 _____ is _____ **twenty-second.** 12월 22일이다.

11 _____ is _____. 화요일이다.

12 _____ _____ _____ **today.** 오늘 날씨가 춥다.

DAY 23 듣고 받아쓰기 　☺ **Day 23**에서 공부한 내용 중,
10개의 문장을 듣고 써보세요.

🎧 듣기 Mp3

1. What day ＿＿＿＿＿ ＿＿＿＿＿ ?

2. ＿＿＿＿＿ July 16th.

3. ＿＿＿＿＿ ＿＿＿＿＿ the weather outside?

4. What ＿＿＿＿＿ ＿＿＿＿＿ ＿＿＿＿＿ ?

5. ＿＿＿＿＿ five ＿＿＿＿＿ .

6. ＿＿＿＿＿ ＿＿＿＿＿ very cold last winter.

7. ＿＿＿＿＿ ＿＿＿＿＿ ＿＿＿＿＿ yesterday.

8. ＿＿＿＿＿ ＿＿＿＿＿ ＿＿＿＿＿ o'clock.

9. ＿＿＿＿＿ ＿＿＿＿＿ ＿＿＿＿＿ .

10. ＿＿＿＿＿ ＿＿＿＿＿ October ＿＿＿＿＿ .

It is time for / It is time to

Step 1
빈칸에 알맞게 **for** 또는 **to**를 쓰세요.

1 It's time _____ lunch.
점심 식사할 시간이다.

2 Is it time _____ take a walk?
산책할 시간이니?

3 It is time _____ the piano lesson.
피아노 강습할 시간이다.

4 It's time _____ do our homework.
우리가 숙제를 할 시간이다.

5 Is it time _____ meet the teacher?
선생님을 만날 시간이니?

6 It's time _____ music class.
음악 수업할 시간이다.

7 It is time _____ read the newspaper.
신문 읽을 시간이다.

8 Is it time _____ a snack?
간식 먹을 시간이니?

9 It's time _____ take a nap.
낮잠 잘 시간이다.

10 It is time _____ leave for Tokyo.
도쿄로 떠날 시간이다.

Step 2   밑줄 친 부분을 바르게 고쳐 문장을 다시 쓰세요.

1   It's time <u>for</u> start a new day.
새로운 날을 시작할 시간이다.
➡ _____

2   Is it time <u>take</u> the bus?
버스 탈 시간이니?
➡ _____

3   It is time <u>to</u> the test.
시험 칠 시간이다.
➡ _____

4   Is it time to <u>practices</u> the violin?
바이올린 연습할 시간이니?
➡ _____

5   It's time <u>for</u> have a meal.
식사할 시간이다.
➡ _____

6   It's time to <u>went</u> to bed.
잠자리에 들 시간이다.
➡ _____

7   <u>Is it</u> time to call your parents.
너의 부모님께 전화할 시간이다.
➡ _____

8   Is it time <u>for</u> play basketball?
농구할 시간이니?
➡ _____

9   It's time <u>say</u> good-bye.
작별 인사할 시간이다.
➡ _____

10   It is time to <u>playing</u> outside.
밖에 나가서 놀 시간이다.
➡ _____

11   It is time <u>to</u> a break.
휴식할 시간이다.
➡ _____

12   It is time <u>for</u> jog.
조깅할 시간이다.
➡ _____

Step **3** 친구들의 방학 일과를 나타낸 표를 보고, 빈칸에 알맞은 말을 쓰세요.

시각	Peter	Emma	Jake
7:00	wake up	breakfast	wash his face
9:30	read the newspaper	jogging	the tennis lesson
11:00	drink some tea	take a shower	a snack
12:00	lunch	study English	listen to the radio

7:00

[Peter] **1** _____ is time _____ _____ up.

[Emma] **2** _____ is time _____ breakfast.

[Jake] **3** _____ is time _____ his face.

9:30

[Peter] **4** _____ is time _____ _____ the newspaper.

[Emma] **5** _____ is time _____ jogging.

[Jake] **6** _____ is time _____ the tennis lesson.

11:00

[Peter] **7** _____ is time _____ _____ some tea.

[Emma] **8** _____ is time _____ _____ a shower.

[Jake] **9** _____ is time _____ a snack.

12:00

[Peter] **10** _____ is time _____ lunch.

[Emma] **11** _____ is time _____ _____ English.

[Jake] **12** _____ is time _____ _____ to the radio.

DAY 24 듣고 받아쓰기 ✪ **Day 24**에서 공부한 내용 중, 10개의 문장을 듣고 써보세요.

🎧 듣기 Mp3

1. ▢▢▢▢ time ▢▢▢▢ lunch.

2. ▢▢▢▢ time ▢▢▢▢ ▢▢▢▢ our homework.

3. ▢▢▢▢ ▢▢▢▢ time ▢▢▢▢ a snack?

4. ▢▢▢▢ time ▢▢▢▢ ▢▢▢▢ a nap.

5. ▢▢▢▢ ▢▢▢▢ time ▢▢▢▢ practice the violin?

6. ▢▢▢▢ ▢▢▢▢ time ▢▢▢▢ ▢▢▢▢ your parents.

7. ▢▢▢▢ time ▢▢▢▢ ▢▢▢▢ good-bye.

8. ▢▢▢▢ ▢▢▢▢ time ▢▢▢▢ ▢▢▢▢ some tea.

9. ▢▢▢▢ ▢▢▢▢ time ▢▢▢▢ ▢▢▢▢ English.

10. ▢▢▢▢ ▢▢▢▢ time ▢▢▢▢ ▢▢▢▢ to the radio.

Type 1 다음 영단어에 대한 우리말 뜻을 쓰세요.

1	weather	
2	windy	
3	foggy	
4	date	
5	cloudy	
6	leave for	
7	practice	
8	breakfast	
9	jog	
10	turn off	
11	boil	
12	feed	
13	medicine	
14	bath	
15	wheel	
16	lesson	
17	Wednesday	
18	Tuesday	
19	Thursday	
20	finish	
21	May	
22	June	
23	February	
24	April	
25	September	

Type 2 다음 우리말에 해당하는 영단어를 쓰세요.

1	날씨	
2	바람이 많이 부는	
3	안개 낀	
4	날짜	
5	흐린	
6	~로 떠나다	
7	연습하다	
8	아침 식사	
9	조깅하다	
10	~을 끄다	
11	끓이다	
12	먹이를 주다	
13	약	
14	목욕	
15	바퀴, 핸들	
16	강습, 수업	
17	수요일	
18	화요일	
19	목요일	
20	끝내다	
21	5월	
22	6월	
23	2월	
24	4월	
25	9월	

메가스터디 초등학습 시리즈

Level

4

초등영문법
문장의
원리

메가스터디BOOKS

내용 문의 02-6984-6908 ┃ 구입 문의 02-6984-6868,9 ┃ www.megastudybooks.com

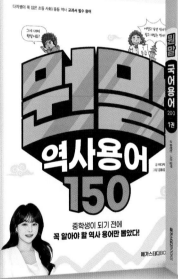
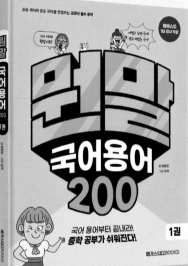